AF219259

Impressum
Verlag: BABADADA GmbH, Nedderfeld 112 , 22529 Hamburg
Geschäftsführer / Verlagsleitung: Harald Hof
Druck: Books on Demand GmbH, In de Tarpen 42, 22848 Norderstedt

Imprint
Publisher: BABADADA GmbH, Nedderfeld 112 , 22529 Hamburg, Germany
Managing Director / Publishing direction: Harald Hof
Print: Books on Demand GmbH, In de Tarpen 42, 22848 Norderstedt

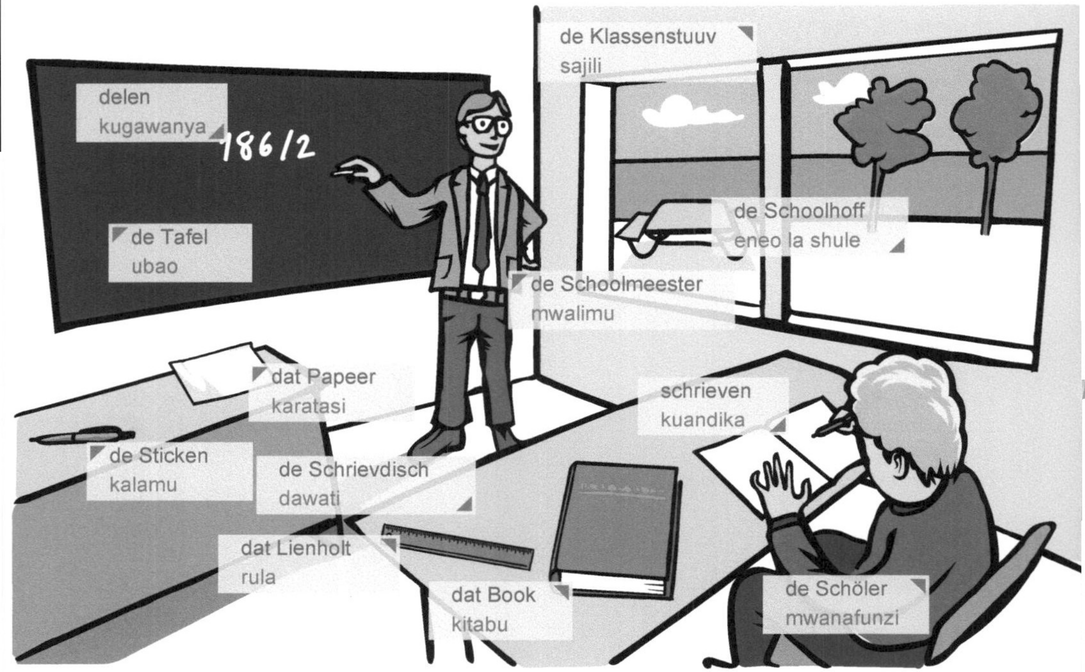

de Klassenstuuv
sajili

delen
kugawanya

186/2

de Tafel
ubao

de Schoolhoff
eneo la shule

de Schoolmeester
mwalimu

dat Papeer
karatasi

schrieven
kuandika

de Sticken
kalamu

de Schrievdisch
dawati

dat Lienholt
rula

dat Book
kitabu

de Schöler
mwanafunzi

de Ranzel

mkoba

de Feddermapp

kikasha cha penseli

de Bleesticken

penseli

de Scharpmaker

kichonga penseli

dat Radeergummi

mpira

de Tekenblock

pedi ya kuchora

de Teken

uchoraji

de Pinsel

brashi ya rangi

de Malkassen

sanduku la rangi

de Scheer

mkasi

de Klever

gundi

dat Heft to'n Öven

daftari

de Huusopgaav

kazi ya nyumbani

de Tall

nambari

tohooptellen

jumlisha

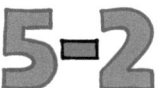

aftrecken

ondoa

malnehmen

zidisha

reken

kokotoa

de Bookstaav

barua

ABCDEFG
HIJKLMN
OPQRSTU
VWXYZ

dat ABC

alfabeti

dat Woort

neno

de Text
maandishi

lesen
kusoma

de Kried
chaki

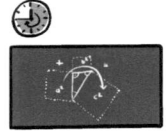

de Stunn
somo

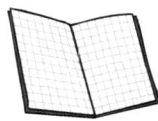

dat Klassenbook
sajili

de Pröven
uchunguzi

dat Tüügnis
cheti

de Schooluniform
sare za shule

de Utbillen
elimu

dat Nakieksel
elezo

de Universität
chuo kikuu

dat Mikroskop
darubini

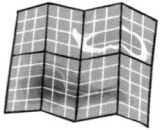

de Koort
ramani

de Papeerkorf
kikapu cha kuweka karatasi
chafu

de Törn
usafiri

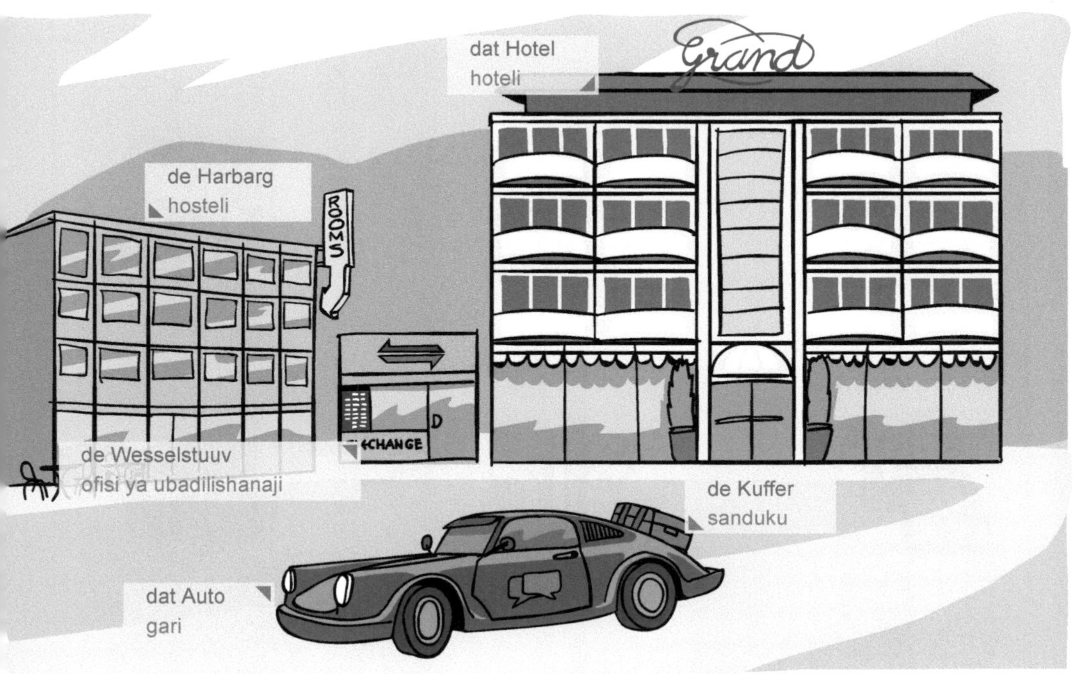
dat Hotel
hoteli
Grand
de Harbarg
hosteli
ROOMS
de Wesselstuuv
ofisi ya ubadilishanaji
de Kuffer
sanduku
dat Auto
gari

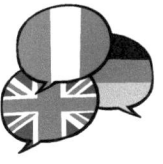

de Spraak

lugha

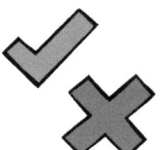

jo / ne

ndiyo / la

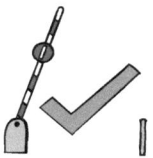

Jo

sawa

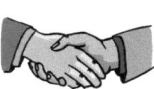

Moin

hujambo

de Översetter

mtafsiri

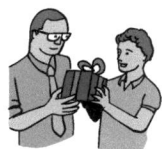

Dank ok

Asante

Wat kost...?

kiasi gani ni ...?

Ik verstah nich

Sielewi

dat Problem

tatizo

Goden Avend

Jioni njema!

Moin!

Habari za asubuhi!

Gode Nacht!

Usiku mwema!

Tschüüs

kwa heri

de Richt

mwelekeo

de Bagaasch

mizigo

de Tasch

mfuko

de Rüchsack

shanta

de Gast

mgeni

de Stuuv

chumba

de Slaapsack

begi la kulalia

dat Telt

hema

de Touristeninformatschoon

taarifa ya utalii

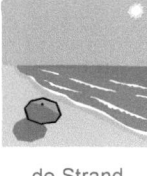

de Strand

ufuo

de Kreditkoort

kadi

dat Fröhstück

kifunguakinywa

dat Meddageten

chakula cha mchana

dat Avendeten

chakula cha jioni

de Fohrkort

tiketi

de Fohrstohl

kuinua

de Breefmark

muhuri

de Grenz

mpaka

de Toll

mila

de Bottschop

ubalozi

dat Visum

visa

de Pass

pasipoti

de Transport
usafiri

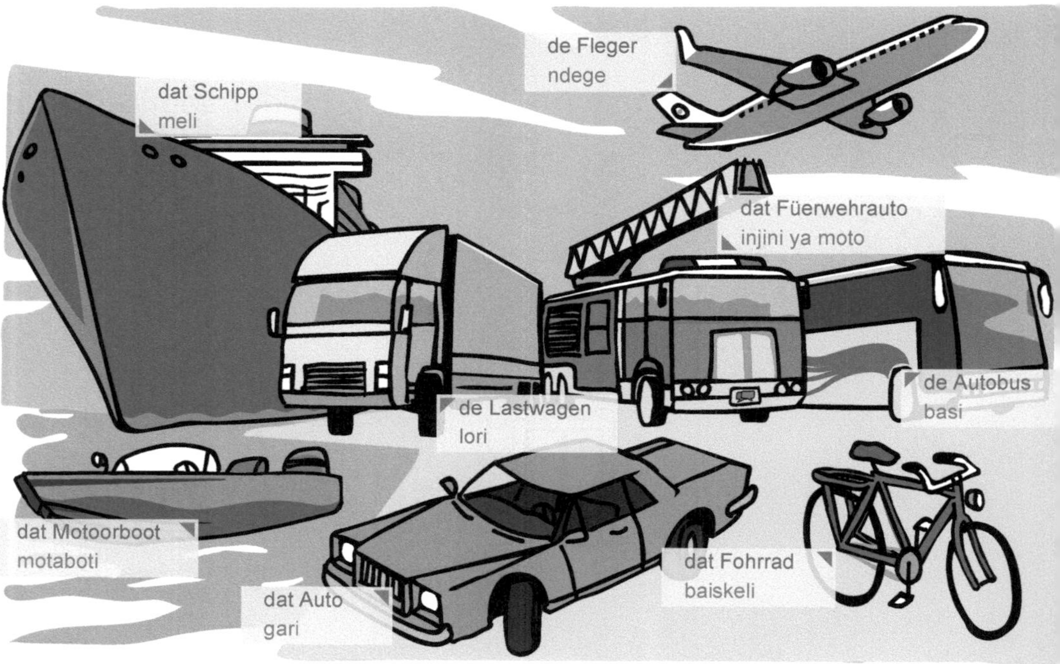

de Fleger
ndege
dat Schipp
meli
dat Füerwehrauto
injini ya moto
de Autobus
basi
de Lastwagen
lori
dat Motoorboot
motaboti
dat Fohrrad
baiskeli
dat Auto
gari

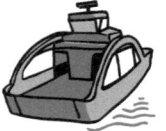

de Fähr

feri

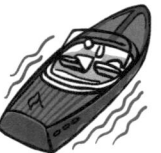

dat Boot

mashua

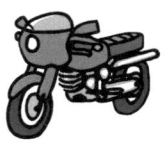

dat Motoorrad

pikipiki

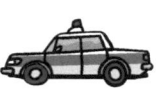

dat Polizeiauto

gari la polisi

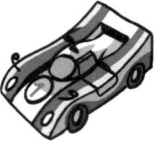

dat Rönnauto

gari la mashindano

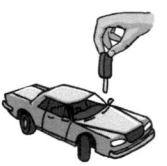

de Lehnwagen

gari la kukodisha

dat Carsharing

kushiriki gari

de Afsleepwagen

lori la kuvuta

dat Müllauto

ukusanyaji taka

de Motoor

motor

de Kraftstoff

mafuta

de Tanksteed

kituo cha mafuta

dat Verkehrsschild

ishara trafiki

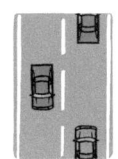

de Verkehr

trafiki

de Stau

msongamano

de Afstellplatz

maegesho

de Bahnhoff

kituo cha treni

de Sporen

reli

de Tog

garimoshi

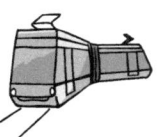

de Stratenbahn

tremu

de Wagon

gari la mizigo

de Dwarsmöhl

helikopta

de Flooghaven

uwanja wa ndege

de Tower

mnara

de Fohrgast

abiria

de Grootkist

chombo

de Karton

katoni

de Koor

mkokoteni

de Korf

kikapu

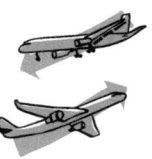

starten / lannen

ondoka

de Stadt

jiji

dat Dörp

kijiji

de Binnenstadt

katikati ya jiji

dat Huus

nyumba

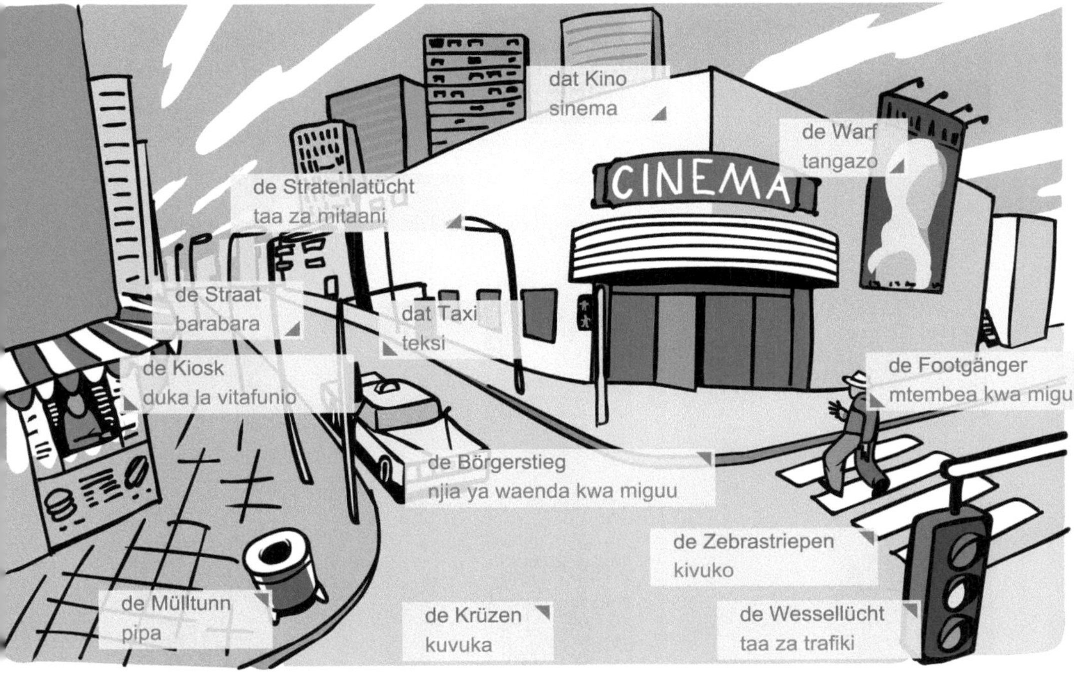

dat Kino
sinema
de Warf
tangazo
CINEMA
de Stratenlatücht
taa za mitaani
de Straat
barabara
dat Taxi
teksi
de Kiosk
duka la vitafunio
de Footgänger
mtembea kwa migu
de Börgerstieg
njia ya waenda kwa miguu
de Zebrastriepen
kivuko
de Mülltunn
pipa
de Krüzen
kuvuka
de Wessellücht
taa za trafiki

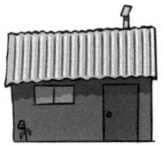

de Hütt

kibanda

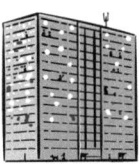

de Wahnung

gorofa

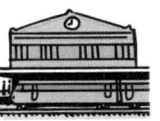

de Bahnhoff

kituo cha treni

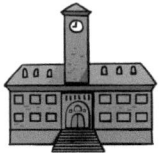

dat Raathuus

ukumbi wa mji

MUSEUM

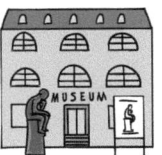

dat Museum

Makavazi

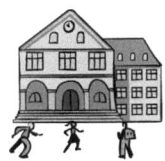

de School

shule

de Universität

chuo kikuu

de Bank

benki

dat Krankenhuus

hospitali

dat Hotel

hoteli

de Afteek

duka la dawa

dat Büro

ofisi

de Bookhökerie

duka la kitabu

de Hökerie

duka

de Blomenhökerie

duka la maua

de Supermarkt

dukakuu

de Markt

soko

dat Koophuus

idara ya kuhifadhi

de Fischhökerie

mwuza samaki

dat Inkoopszentrum

kituo cha ununuzi

de Haven

bandari

de Parkanlaag

Hifadhi

de Bank

benki

de Brüch

daraja

de Trepp

vidato

de Ünnergrundbahn

chini ya ardhi

de Tunnel

handaki

de Busstoppsteed

kituo cha mabasi

de Bar

bar

dat Spieslokal

mgahawa

de Breefkassen

sanduku la posta

dat Stratenschild

ishara ya barabara

de Parkklock

mita ya maegesho

de Deertenpark

bustani ya wanyama

de Baadanstalt

kidimbwi cha kuogelea

de Moschee

msikiti

de Buernhoff

shamba

de Ümweltversmudden

uchafuzi

de Karkhoff

makaburini

de Kark

kanisa

de Speelplatz

uwanja wa michezo

de Tempel

hekalu

de Landschop

mazingira

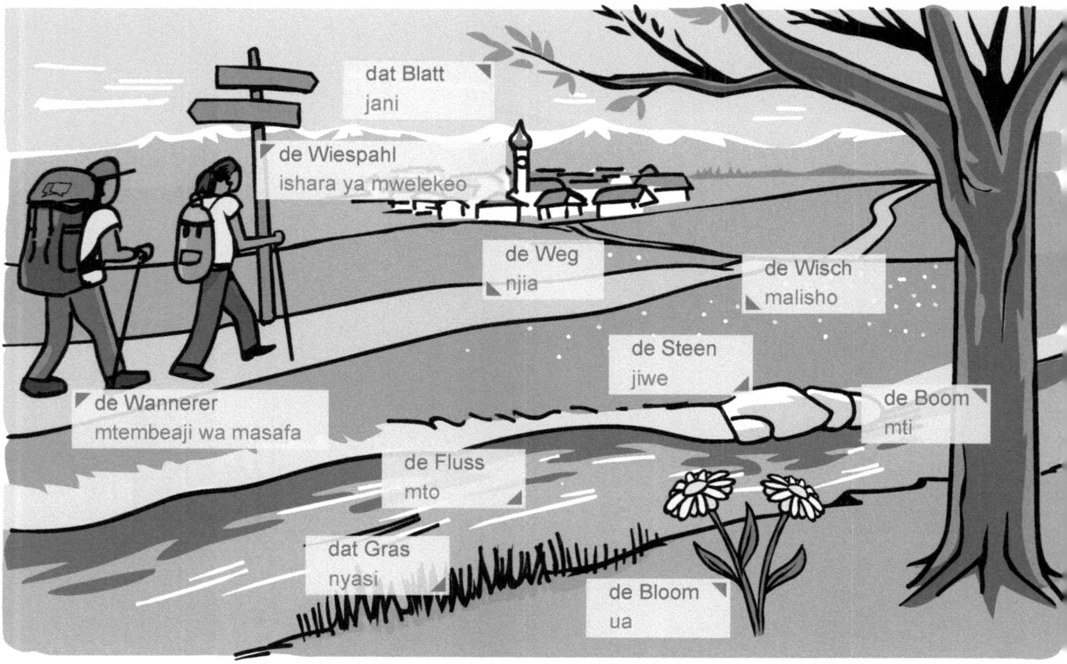

dat Blatt
jani

de Wiespahl
ishara ya mwelekeo

de Weg
njia

de Wisch
malisho

de Steen
jiwe

de Boom
mti

de Wannerer
mtembeaji wa masafa

de Fluss
mto

dat Gras
nyasi

de Bloom
ua

dat Daal

bonde

de Barg

kilima

de See

ziwa

dat Holt

msitu

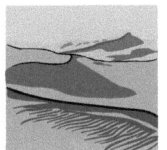

de Wööst

jangwa

de Füerspien Barg

volkano

dat Slott

ngome

de Regenbagen

upinde wa mvua

de Poggenstohl

uyoga

de Palm

mtende

de Steekmück

mbu

de Fleeg

kuruka

de Miegeemk

chungu

de Imm

nyuki

de Spinn

buibui

de Sebber

mende

de Pogg

chura

de Katteker

kuchakuro

de Swienegel

nungunungu

de Haas

sungura

de Uul

bundi

de Vagel

ndege

de Swaan

swan

dat Wildswien

nguruwe mwitu

de Hirsch

kulungu

de Elk

aina ya kongoni

de Staudamm

bwawa

dat Windrad

tabo ya upepo

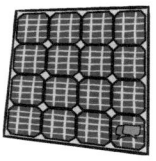

dat Solarmodul

nishaji ya jua

dat Klima

hali ya hewa

dat Spieslokal
mgahawa

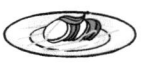

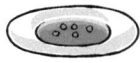

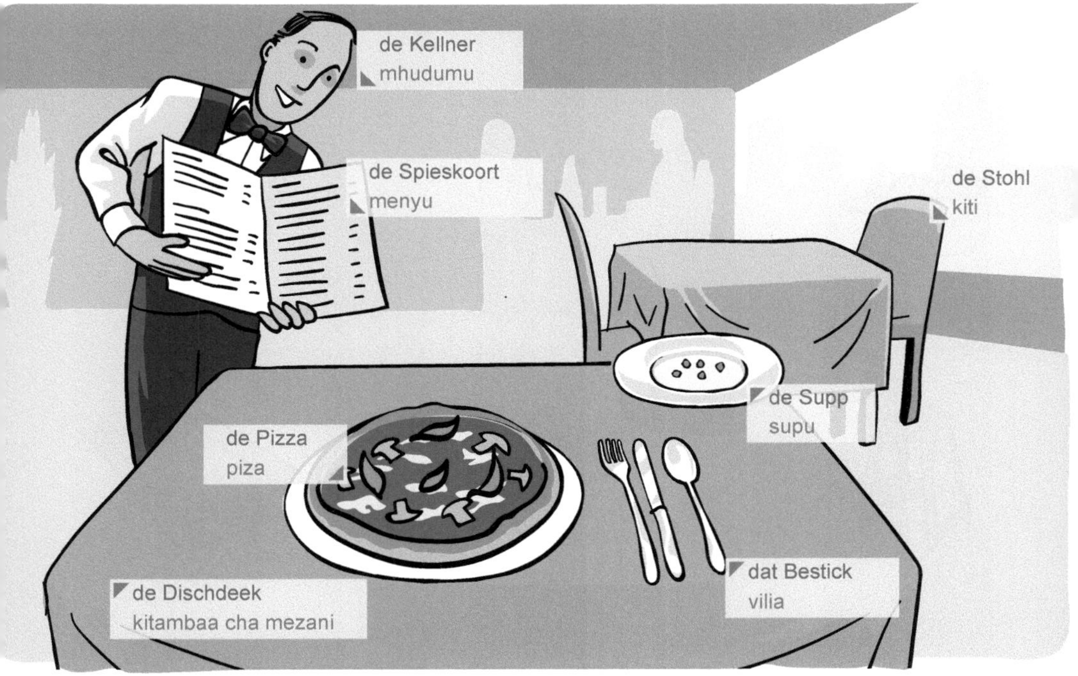
de Kellner
mhudumu
de Spieskoort
menyu
de Stohl
kiti
de Supp
supu
de Pizza
piza
dat Bestick
vilia
de Dischdeek
kitambaa cha mezani

de Vörspies

kiamsha hamu

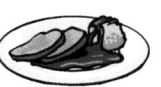

dat Haupteten

kozi kuu

de Nadisch

kitindamlo

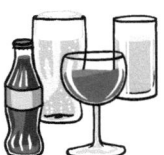

de Drünk

vinywaji

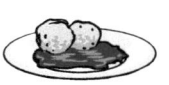

dat Eten

chakula

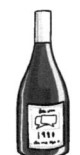

de Buddel

chupa

dat Fastfood

chakula cha haraka

dat Strateneten

Streetfood

de Teekann

buli

de Zuckerdoos

kisanduku cha sukari

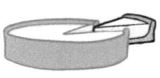

de Portschoon

sehemu

de Espressomaschien

mashine ya espresso

de Hoochstohl

kiti kirefu

de Reken

muswada

dat Tablett

trei

dat Mess

kisu

de Gavel

uma

de Lepel

kijiko

de Teelepel

kijiko cha chai

dat Munddook

nepi

dat Glas

glasi

dat Spieslokal - mgahawa

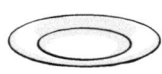

de Töller

sahani

de Suppentöller

sahani ya supu

de Ünnertass

sufuria

de Sooß

mchuzi

de Soltstreuer

kichanyaji chumvi

de Pepermöhl

kinu cha pilipili

de Etig

siki

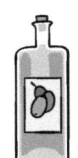

dat Ööl

mafuta

de Krüder

viungo

de Ketchup

kechapu

de Mostrich

haradali

de Mayonnaise

kachumbari nzito

dat Anbott
ofa maalum

de Kunn
mteja

de Melkprodukten
maziwa

FOR

dat Aaft
matunda

de Inkoopswagen
toroli

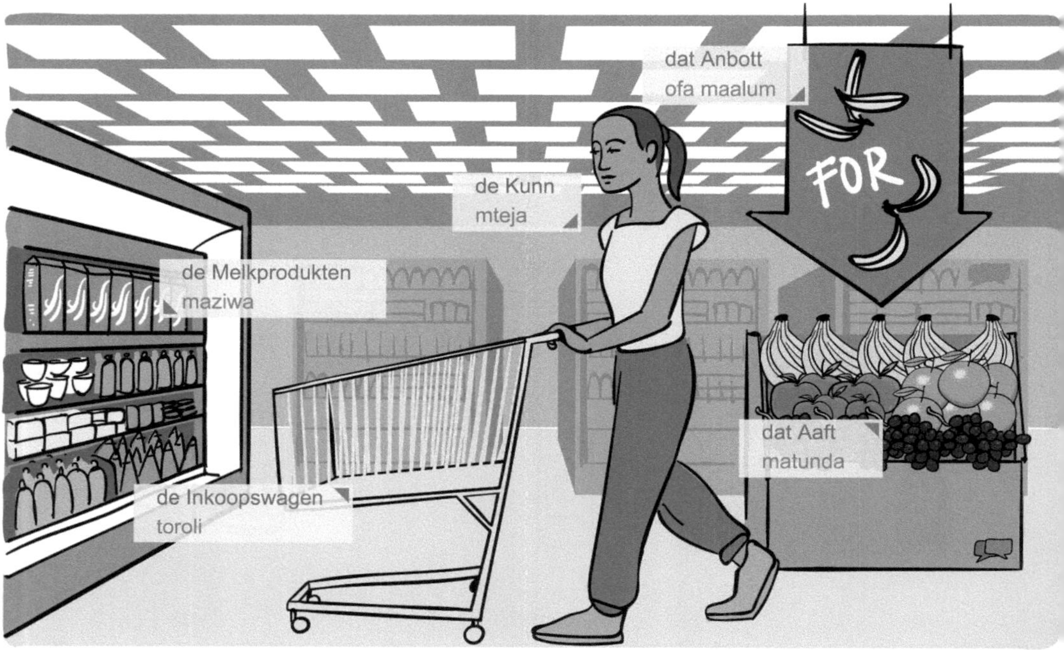

de Slachterie

mchinjaji

de Bäckerie

mwokaji

wegen

uzito

de Gröönsaken

mboga

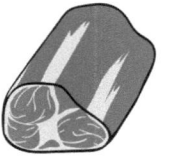

dat Fleesch

nyama

de Deepköhlkost

chakula waliohifadhiwa

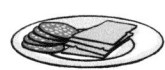

de Opsnitt

vipande vya nyama baridi

de Konserven

chakula cha kopo

de Waschmiddel

sabuni ya unga

de Snoopkraam

pipi

de Huushooltssaken

bidhaa za kaya

de Reinmaaktüüch

bidhaa za kusafisha

de Verköpersche

mtu mauzo

de Kass

mpaka

de Kasserer

keshia

de Inkoopslist

orodha ya manunuzi

de Opsparrtieden

masaa ya ufunguzi

de Breeftasch

mkoba

de Kreditkoort

kadi

de Tasch

mfuko

de Plastiktüüt

mfuko wa plastiki

dat Water

maji

de Saft

sharubati

de Melk

maziwa

de Cola

coke

de Wien

mvinyo

dat Beer

bia

de Spriet

pombe

de Kakao

kakao

de Tee

chai

de Koffie

kahawa

de Espresso

spreso

de Cappucino

kapuchino

de Banaan

ndizi

de Appel

tufaha

de Appelsien

machungwa

de Meloon

tikiti

de Zitroon

lemon

de Wöttel

karoti

de Knuuvlook

kitunguu saumu

de Bambus

mianzi

de Zibbel

kitunguu

de Poggenstohl

uyoga

de Nööt

karanga

de Nudeln

nudo

de Spaghetti

spageti

de Ries

mpunga

de Salat

saladi

de Pommes frites

vibanzi

de Braadkantüffeln

viazi vya kukaanga

de Pizza

piza

de Hamborger

hambaga

dat Sandwich

sandwichi

dat Snitzel

kipande

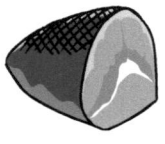

de Schinken

paja la mnyama

de Salami

salami

de Wust

soseji

dat Hohn

kuku

de Braden

choma

de Fisch

samaki

de Haverflocken

oats ya uji

dat Müsli

muesli

de Cornflakes

cornflakes

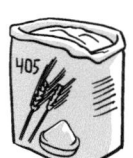

dat Mehl

unga

de Croissant

kroisanti

dat Rundstück

andazi

dat Broot

mkate

dat Toast

mkate wa kubanika

de Keksen

biskuti

de Botter

siagi

de Quark

maziwa mgando

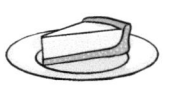

de Koken

keki

dat Ei

yai

dat Spegelei

yai kukaanga

de Kees

jibini

de Ies

aiskrimu

de Zucker

sukari

de Honnig

asali

de Marmelaad

jemu

de Nougat-Creme

kuenea kwa chokoleti

dat Curry

mchuzi wa viungo

de Buernhoff
shamba

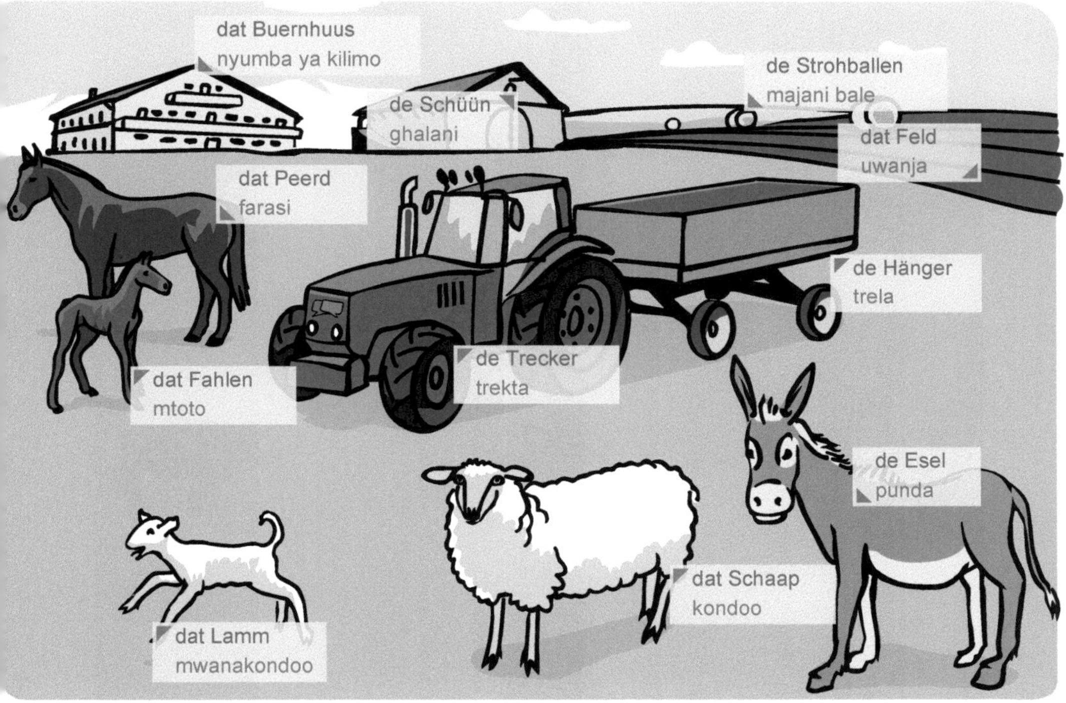
dat Buernhuus
nyumba ya kilimo
de Schüün
ghalani
de Strohballen
majani bale
dat Feld
uwanja
dat Peerd
farasi
de Hänger
trela
de Trecker
trekta
dat Fahlen
mtoto
de Esel
punda
dat Schaap
kondoo
dat Lamm
mwanakondoo

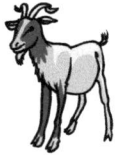

de Zeeg
mbuzi

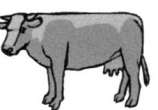

de Koh
ng'ombe

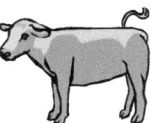

dat Kalf
ndama

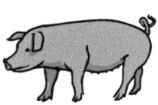

dat Swien
nguruwe

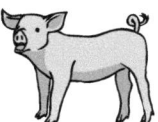

dat Farken
mwananguruwe

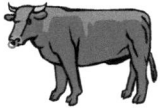

de Bull
fahali

de Goos

batabukini

de Aant

bata

dat Küken

kifaranga

dat Hohn

kuku

de Hahn

jogoo

de Rott

panya

de Katt

paka

de Muus

panya

de Oss

ng'ombe

de Hund

mbwa

de Hunnenhütt

nyumba ya mbwa

de Goornslauch

bomba la bustani

de Geetkann

debe la kumwagilia maji

de Lee

fyekeo

de Ploog

kulima

de Sich

mundu

de Hack

jembe

de Mestfork

uma wa nyasi

de Ext

shoka

de Schuufkoor

toroli

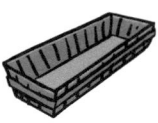

de Trog

kupitia nyimbo

de Melkkann

chombo cha maziwa

de Sack

gunia

de Tuun

ua

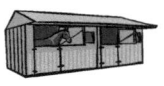

de Stall

imara

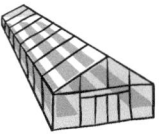

dat Drievhuus

chafu

de Bodden

udongo

de Saat

mbegu

de Dünger

mbolea

de Meihdöscher

kivunaji

oornen

mavuno

de Oorn

mavuno

de Yamswöttel

viazi vikuu

de Weten

ngano

dat Soja

soya

de Kantüffel

viazi

de Törksche Weten

mahindi

de Rapp

rapa

de Aaftboom

mti wa matunda

de Troopsch Kantüffel

muhogo

dat Koorn

nafaka

dat Huus

nyumba

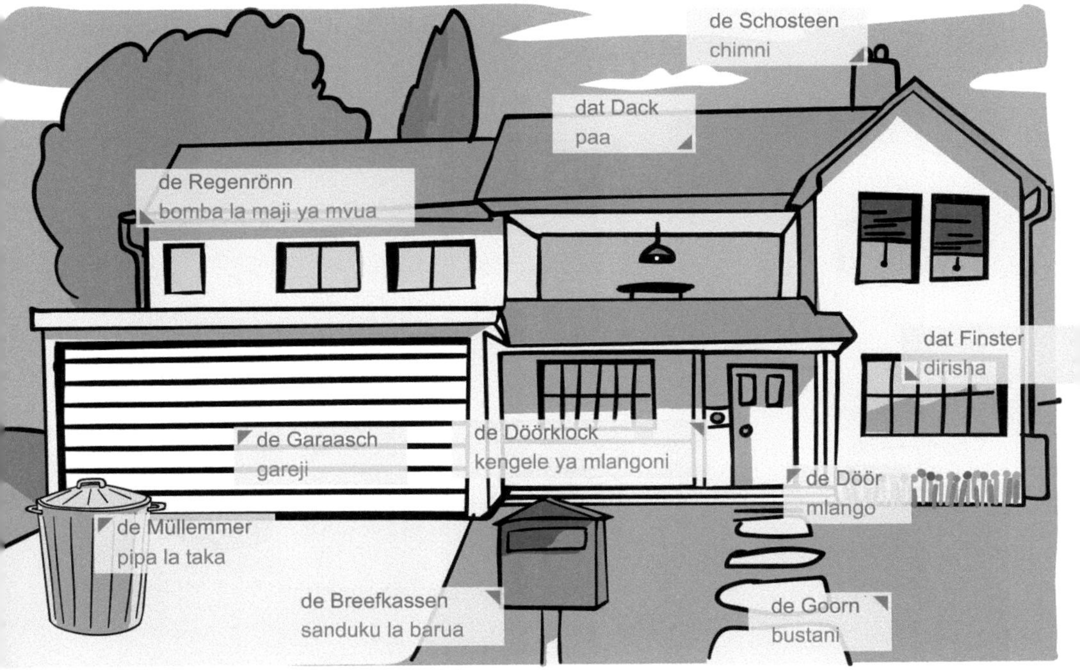
de Schosteen
chimni
dat Dack
paa
de Regenrönn
bomba la maji ya mvua
dat Finster
dirisha
de Garaasch
gareji
de Döörklock
kengele ya mlangoni
de Döör
mlango
de Müllemmer
pipa la taka
de Breefkassen
sanduku la barua
de Goorn
bustani

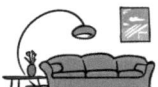

de Wahnstuuv

sebuleni

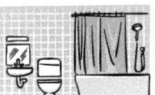

de Baadstuuv

bafu

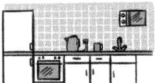

de Köök

jikoni

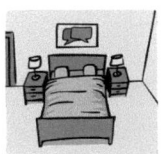

de Slaapstuuv

chumba cha kulala

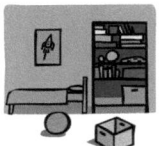

de Kinnerstuuv

chumba ya mtoto

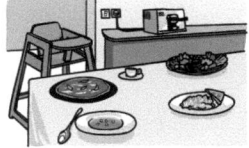

de Eetstuuv

chumba cha kulia

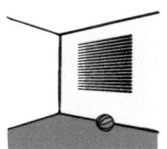

de Footbodden

sakafu

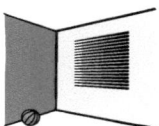

de Wand

ukuta

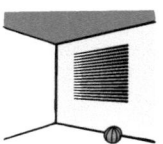

de Deek

dari

de Keller

pishi

dat Hittluftbad

sauna

de Balkon

roshani

de Terrass

mtaro

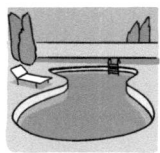

dat Swümmbad

kidimbwi

de Rasenmeiher

mashine ya kukata nyasi

de Bettbetog

karatasi

de Bettdeek

kitambaa cha kupamba
kitanda

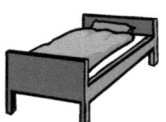

de Puuch

kitanda

de Bessen

ufagio

de Emmer

ndoo

de Schalter

kubadili

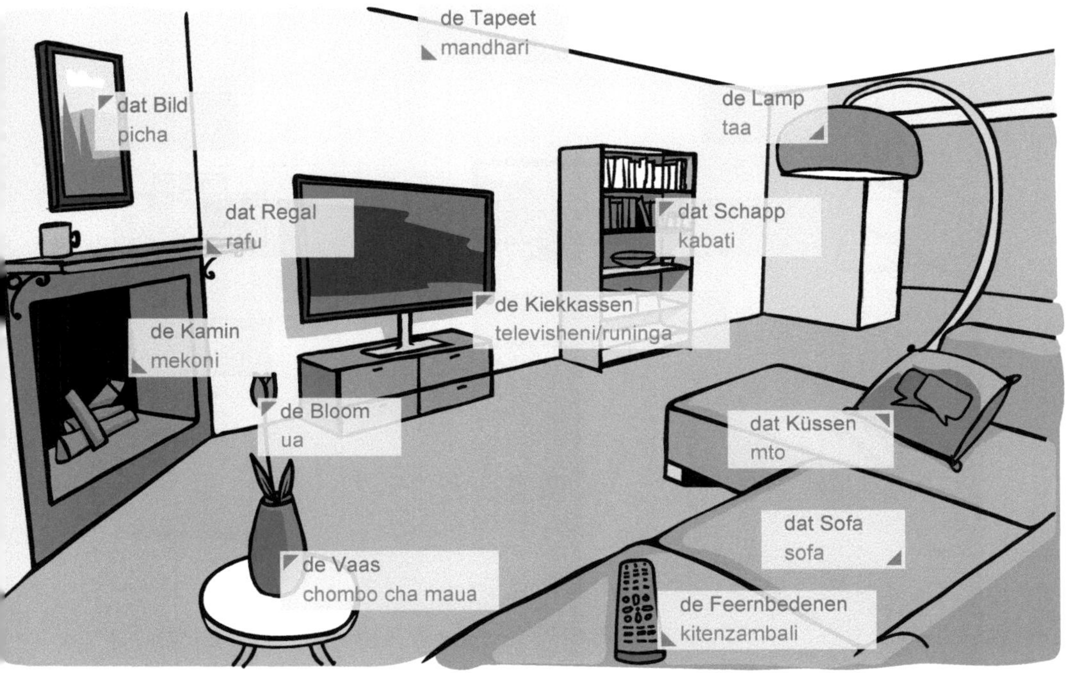

de Tapeet
mandhari

dat Bild
picha

de Lamp
taa

dat Regal
rafu

dat Schapp
kabati

de Kiekkassen
televisheni/runinga

de Kamin
mekoni

de Bloom
ua

dat Küssen
mto

dat Sofa
sofa

de Vaas
chombo cha maua

de Feernbedenen
kitenzambali

de Teppich

zulia

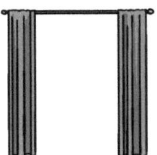

de Vörhang

pazia

de Disch

meza

de Stohl

kiti

de Schuckelstohl

kiti cha bembea

de Sessel

armchair

dat Book

kitabu

de Deek

blanketi

de Dekoratschoon

mapambo

dat Füerholt

kuni

de Film

filamu

de Stereoanlaag

kifaa cha hi-fi

de Slötel

ufunguo

dat Narichtenblatt

gazeti

dat Gemälde

uchoraji

dat Poster

bango

dat Radio

redio

de Opschrievblock

daftari

de Huulbessen

kifyonza

de Kaktus

dungusi kakati

de Kars

mshumaa

de Köök
jikoni

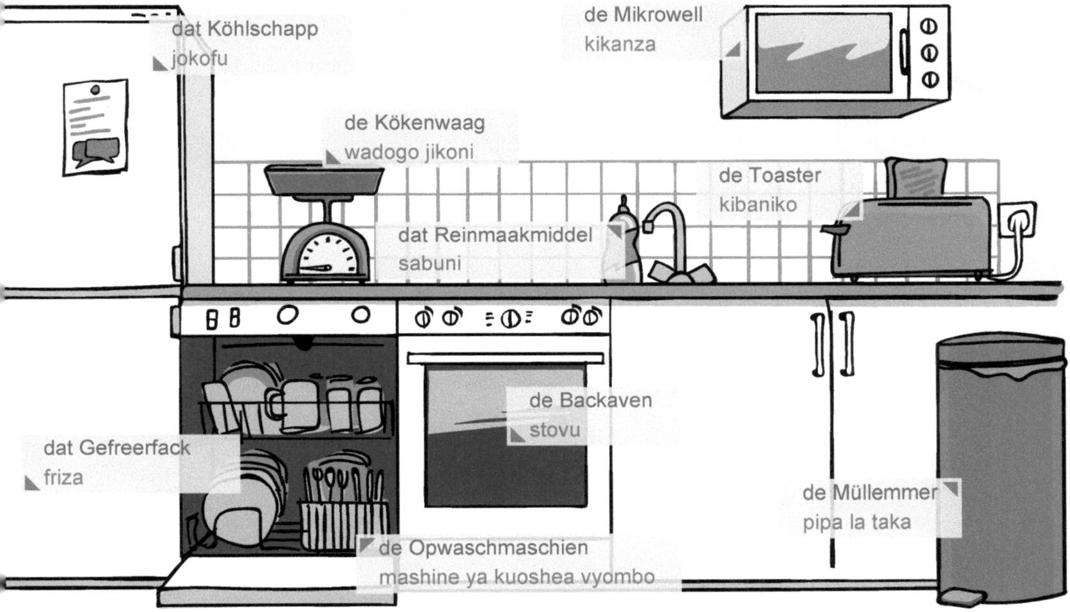

dat Köhlschapp
jokofu
de Mikrowell
kikanza
de Kökenwaag
wadogo jikoni
de Toaster
kibaniko
dat Reinmaakmiddel
sabuni
de Backaven
stovu
dat Gefreerfack
friza
de Müllemmer
pipa la taka
de Opwaschmaschien
mashine ya kuoshea vyombo

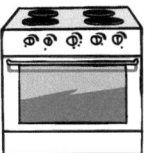

de Heerd

jiko la kupika

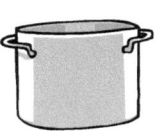

de Pott

chungu

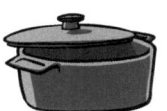

de Gussiesern Putt

sufuria ya chuma

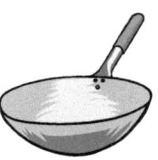

de Wok / Kadai

wok / kadai

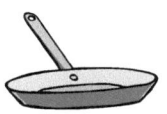

de Pann

kaango

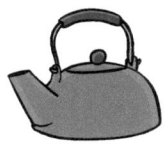

de Waterkaker

birika

de Dampkaakputt

stima

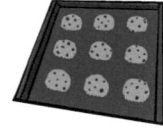

dat Backblick

sinia ya kuoka

dat Geschirr

vyombo vya udongo

de Beker

kombe

de Schaal

bakuli

de Eetsticken

vijiti vya kulia

de Suppenkell

ukawa

de Pannenwenner

mwiko mpana

de Sneebessen

burashi

dat Kaakseef

kichujio

dat Seef

chujio

de Riev

mbuzi

de Mörser

chokaa

de Grill

barbeque

de Füerstell

moto wazi

dat Sniedbrett

ubao wa majaribio

dat Nudelholt

kijiti cha kusukuma unga

de Proppentrecker

kizibuo

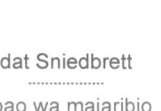

de Doos

kopo

de Dosenaapner

inaweza kopo

de Pottlappen

kishikio cha chungu

dat Waschbecken

karo

de Böst

brashi

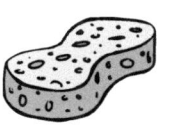

de Swamm

sifongo

de Mixer

kisagaji matunda

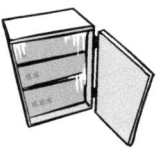

dat Iesschapp

friji ya kina

de Nuckelbuddel

chupa ya mtoto

de Waterhahn

bomba

de Baadstuuv

bafu

de Heizung
joto
dat Handdook
taulo
de Bruus
mfereji wa kuogea
de Bruusvörhang
pazia la kuogea
dat Schuumbad
maji ya kuoga yenye povu
de Baadwann
hodhi
dat Glas
glasi
de Waschmaschien
mashine ya kuosha
de Waterhahn
bomba
de Fliesen
vigae
de lütte Putt
poti
dat Waschbecken
karo

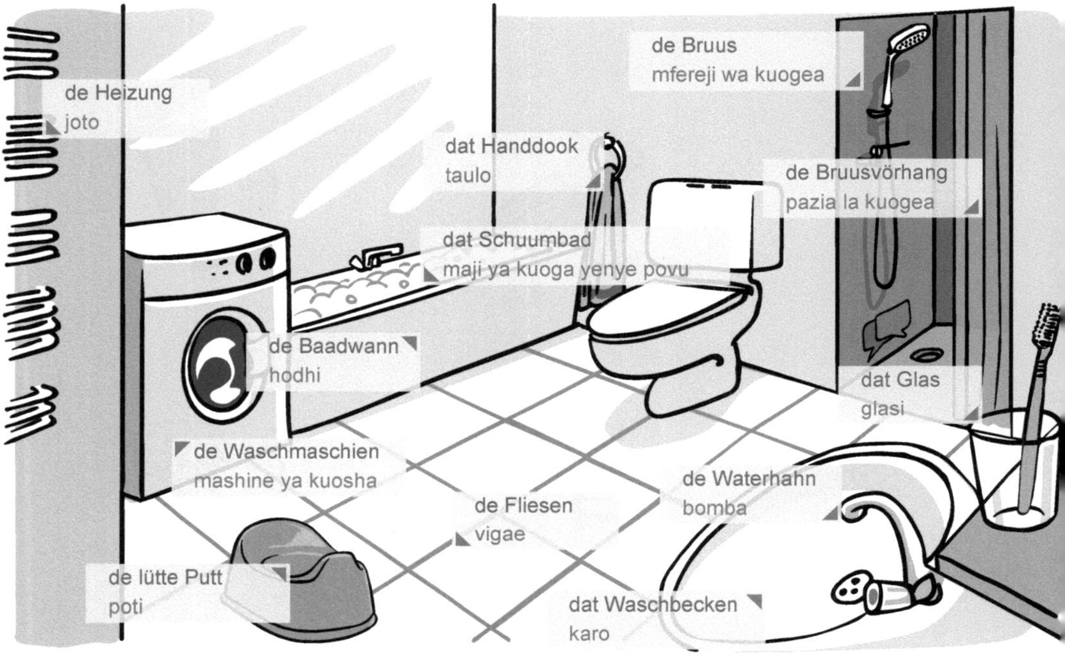

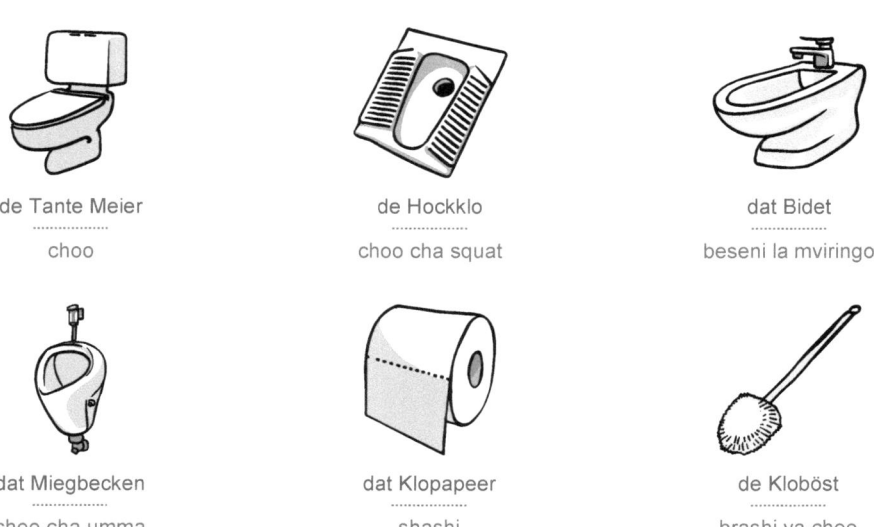

de Tante Meier

choo

de Hockklo

choo cha squat

dat Bidet

beseni la mviringo

dat Miegbecken

choo cha umma

dat Klopapeer

shashi

de Kloböst

brashi ya choo

de Tähnböst

mswaki

de Tähnpast

dawa ya meno

de Tähnsied

dawa ya meno

waschen

safisha

de Handbruus

kuoga mkono

de Intimbruus

msukumo wa maji

de Waschschöttel

bonde

de Rüchböst

mpako wa pili

de Seep

sabuni

dat Bruusgeel

jeli ya kuogea

dat Hoorwaschmiddel

shampuu

de Waschlappen

flana

de Afloop

toa maji

de Creme

krimu

dat Deodorant

kiondoa harufu

de Spegel

kioo

de Kosmetikspegel

kioo mkono

de Raserer

kinyozi

de Raseerschuum

povu la kunyoa

dat Raseerwater

baada ya kunyoa

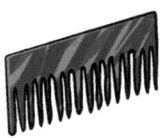

de Kamm

kichana

de Böst

brashi

de Hoordröger

kikausha nywele

dat Hoorspray

marashi ya nyewele

de Smink

vipodozi

de Lippensticken

kidomwa

de Nagellack

varnish ya msumari

de Watt

pamba

de Nagelscheer

mkasi wa kucha

dat Rüükwater

manukato

de Kulturbüdel

mkoba wa kuosha

de Schemel

kinyesi

de Waag

mizani

de Baadmantel

nguo ya kuoga

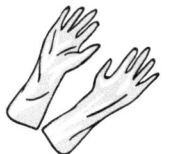

de Gummihanschen

glavu za mpira

de Tampon

kisodo

de Damenbinn

sodo

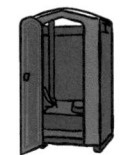

dat Chemieklo

kemikali choo

de Kinnerstuuv
chumba ya mtoto

de Wecker
saa ya kengele
dat Knudeldeert
kidoli cha kupakata
dat Speeltüüchauto
gari bandia
de Klöter
kelele
dat Poppenhuus
chumba cha midoli
dat Geschenk
sasa

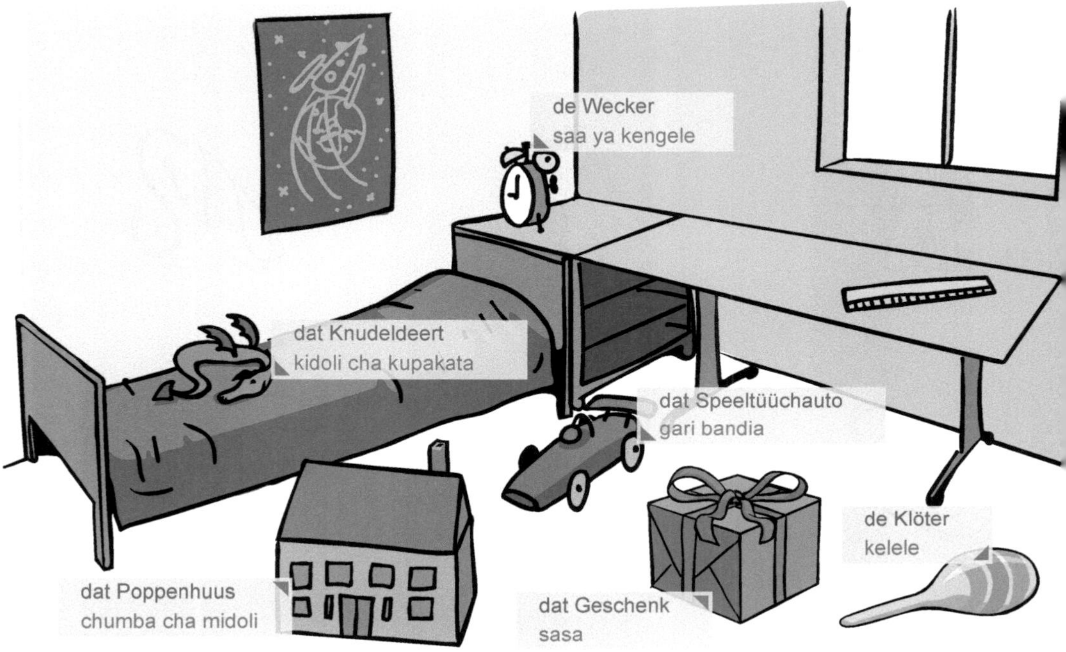

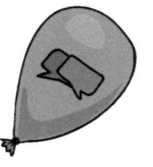

de Luftballon

baluni

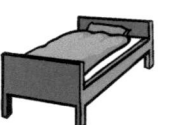

de Puuch

kitanda

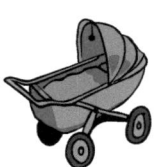

de Kinnerwagen

mashua

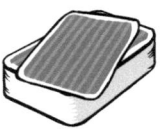

dat Koortenspeel

staha ya kadi

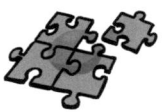

dat Puzzle

mchezo-fumb

SUPER MEGA

de Billergeschicht

vichekesho

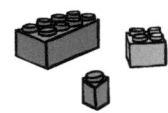

de Legostenen

matofali lego

de Bustenen

vitalu mwigo

de Action-Figur

hatua takwimu

de Strampelantog

suti ya kulalia

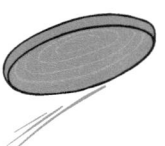

de Frisbeeschiev

kisahani

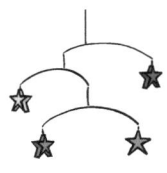

dat Mobile

simu

dat Brettspeel

ubao wa michezo

de Wörpel

kete

de Modelliesenbahn

garimoshi mwigo

de Snuller

dummy

de Party

chama

dat Billerbook

picha kitabu

de Ball

mpira

de Popp

kikaragosi

spelen

kucheza

de Sandkassen

shimo la mchanga

de Schuckel

bembea

dat Speeltüüch

vitu bandia

de Speelkonsool

kiweko cha video ya mchezo

dat Dreerad

baiskeli ya magurudumu

de Teddyboor

mwanasesere

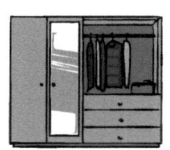

dat Klederschapp

kabati

matatu

dat Tüüch

nguo

de Socken

soksi

de Strümp

stokingi

de Strumpbüx

kibano

dat Halsdook
skafu

de Liefreem
ukanda

de Paraplü
mwavuli

dat T-Shirt
fulana

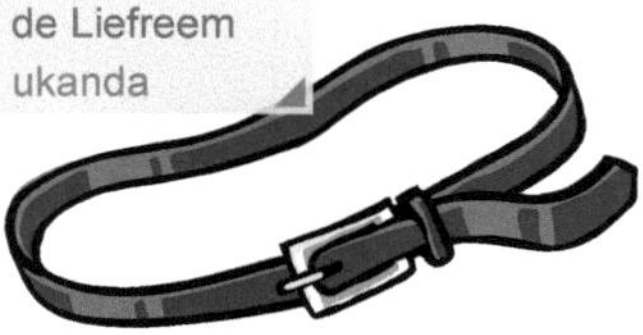

de Turnschoh
wakufunzi

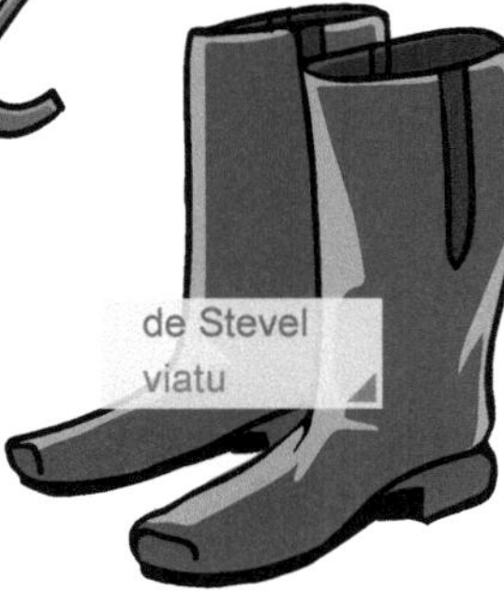

de Stevel
viatu

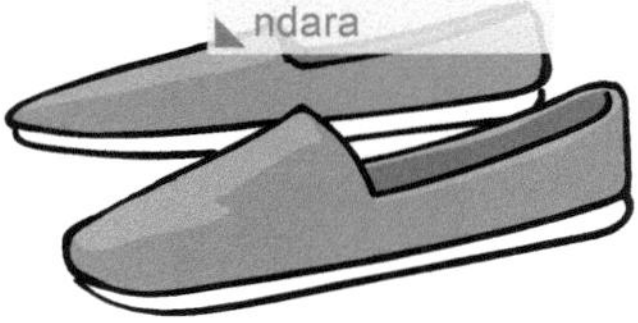

de Puuschen
ndara

de Sandalen
malapa

de Schoh
viatu

de Gummistevel
mabuti ya mpira

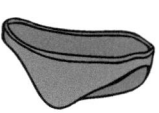

de Ünnerbüx
suruali ya ndani

de Bostholler
sidiria

dat Ünnerhemd
fulana

de Lief

mwili

de Büx

suruali

de Jeansnüx

dangirizi

de Rock

sketi

de Bluus

blauzi

dat Hemd

shati

de Pullover

vuta

de Kapuzenpullover

sweta

de Blazer

bleza

de Jack

jaketi

de Mantel

koti

de Övertrecker

koti la mvua

dat Kostüm

maleba

dat Kleed

gauni

dat Hochtietskleed

mavazi ya harusi

de Antog	dat Nachtkleed	de Slaapantog
suti	vazi la usiku	pajama

de Sari	dat Koppdook	de Turban
sari	skafu	kilemba

de Burka	de Kaftan	de Abaya
burka	kaftan	abaya

de Baadantog	de Baadbüx	de Korte Büx
vazi la kuogelea	vazi la kiume la kuogelea	kaptura

de Antog to'n Öven	de Schört	de Handschoh
teitei	aproni	glavu

de Knopp

kifungo

de Brill

glasi

dat Armband

bangili

de Halskeed

mkufu

de Ring

pete

de Ohrbummel

herini

de Mütz

kofia

de Klederbögel

kiango cha koti

de Hoot

kofia

de Binner

tai

de Rietslüter

zipu

de Helm

kofia

dat Drachtband

kanda za suruali

de Schooluniform

sare za shule

de Uniform

sare

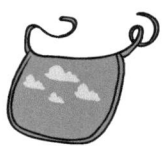

de Severböten

bibu

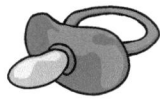

de Snuller

dummy

de Winnel

nepi

dat Büro
ofisi

de Server
seva
dat Aktenschapp
kabati la kuweka faili
de Drucker
kichapishaji
dat Papeer
karatasi
de Bildschirm
kiwambo
de Schrievdisch
dawati
de Muus
kipanya
de Orner
folda
dat Knoopboord
kibodi
apeerkorf
pu cha kuweka karatasi chafu
de Computer
kompyuta
de Stohl
kiti

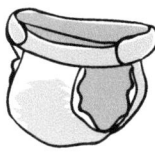

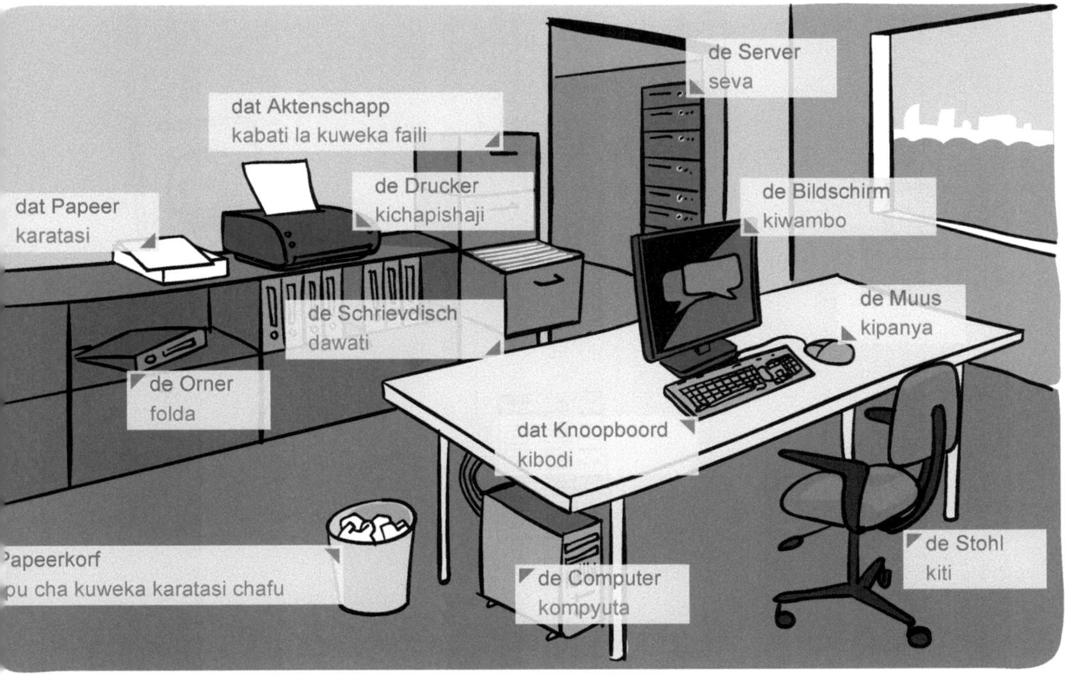

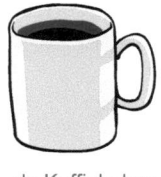

de Koffiebeker

kmobe la kahawa

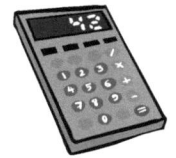

de Taschenreekner

kikokotoo

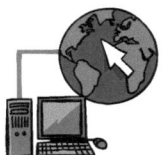

dat Internet

biashara

de Klappreekner

mbali

de Breef

barua

de Naricht

ujumbe

de Ackersnacker

rununu

dat Nettwark

intaneti

de Kopeerapparat

fotokopia

de Software

programu

de Klöönkassen

simu

de Steekdoos

soketi

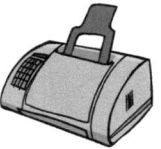

de Faxapparat

kipepesi

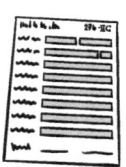

dat Formulor

fomu

dat Dokument

hati

köpen

kununua

betahlen

kulipa

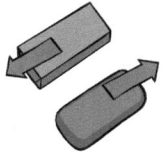

hanneln

biashara

dat Geld

fedha

de Dollar

dola

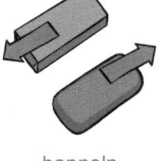

de Euro

yuro

de Yen

yeni

de Ruvel

rouble

de Swiezer Franken

faranga ya Uswisi

de Renminbi Yuan

renminbi yuan

de Rupie

rupia

de Geldautomat

eneo la kulipia

de Wesselstuuv

ofisi ya ubadilishanaji

dat Gold

dhahabu

dat Sülver

fedha

dat Ööl

mafuta

de Energie

nishati

de Pries

bei

de Verdrag

mkataba

de Stüer

kodi

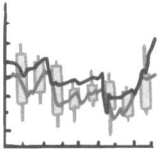

de Andeelschien

bidhaa

arbeiden

kazi

de Anstellte

mfanyakazi

de Arbeitgever

mwajiri

de Fabrik

kiwanda

de Hökerie

duka

de Profeschonen

kazi

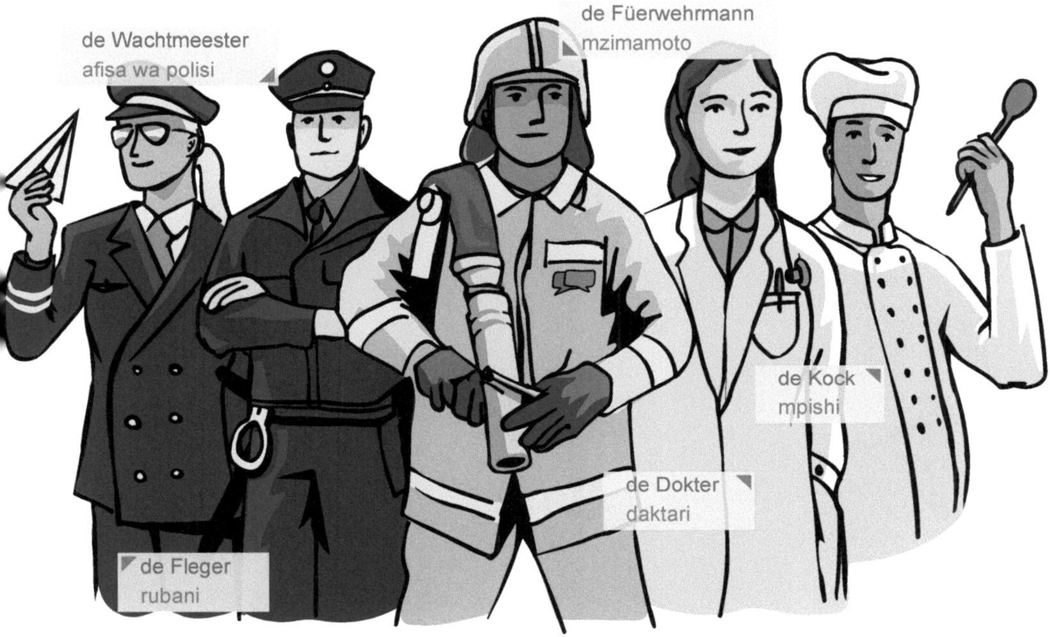

de Wachtmeester
afisa wa polisi
de Füerwehrmann
mzimamoto
de Kock
mpishi
de Dokter
daktari
de Fleger
rubani

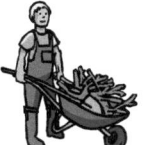

de Goorner

mtunza bustani

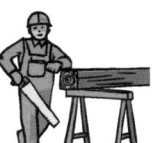

de Discher

seremala

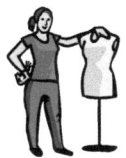

de Neihersche

mshonaji

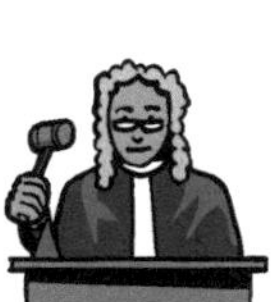

de Richter

hakimu

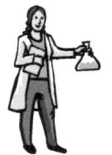

de Chemiker

mwanakemia

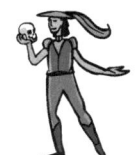

de Schauspeler

muigizaji

de Busfohrer

dereva wa basi

de Taxifohrer

dereva wa teksi

de Fischer

mvuvi

de Reinmaakfru

mwanamke wa kusafisha

de Dackdecker

mwezekaji

de Kellner

mhudumu

de Jäger

mwindaji

de Maler

mchoraji

de Bäcker

mwokaji

de Elektriker

umeme

de Buarbeider

mjenzi

de Ingenieur

mhandisi

de Slachter

mchinjaji

de Klempner

fundi bomba

de Postbüdel

mwanaposta

de Suldat

mwanajeshi

de Architekt

msanifu majengo

de Kasserer

keshia

de Florist

muuza maua

de Putzbüdel

msusi

de Schaffner

kondakta

de Mechaniker

mekanika

de Kaptein

nahodha

de Tähndokter

daktari wa meno

de Wetenschopler

mwanasayansi

de Rabbi

rabbi

de Imam

imamu

de Mönk

mtawa

de Paap

kasisi

dat Warktüüch

zana

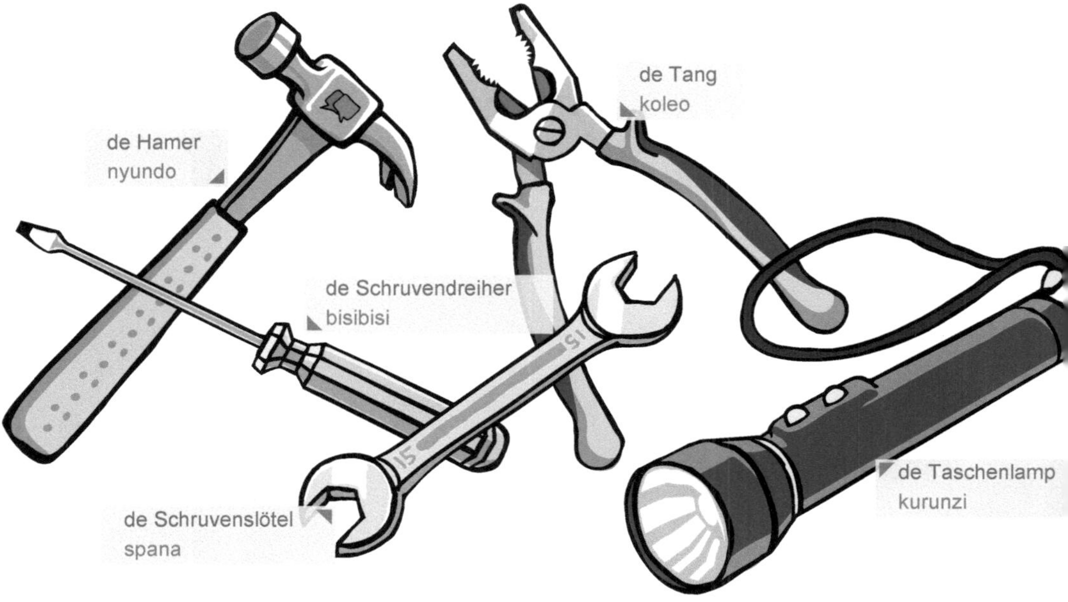

de Hamer
nyundo
de Tang
koleo
de Schruvendreiher
bisibisi
de Schruvenslötel
spana
de Taschenlamp
kurunzi

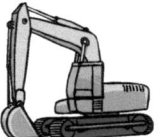

de Grieper

mchimbaji

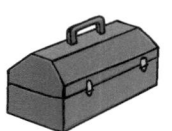

de Warktüüchkassen

sanduku la vifaa

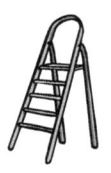

de Ledder

ngazi

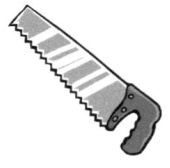

de Saag

msumeno

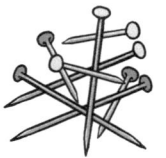

de Nagels

misumari

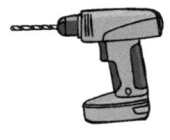

de Bohrer

kuchimba visima

heelmaken

kukarabati

de Schüffel

sepetu

Schiet!

Lo!

dat Kehrblick

kishikio cha uchafu

de Farvpott

chungu cha rangi

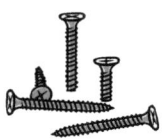

de Schruven

skurubu

de Musikinstrumenten
ala za muziki

de Luutsnacker
spika

dat Slagtüüch
mpangilio wa ngoma

de Bass-Vigelien
besi mara mbili

de Trumpeet
tarumbeta

de Rietfiedel
gita

dat Klaveer

piano

de Vigelien

fidla

de Bass

ubeji

de Pauk

timpani

de Trummeln

ngoma

dat Keyboard

kibodi

dat Saxophon

saksafoni

de Fleut

filimbi

dat Mikrofoon

maikrofoni

de Deertenpark

bustani ya wanyama

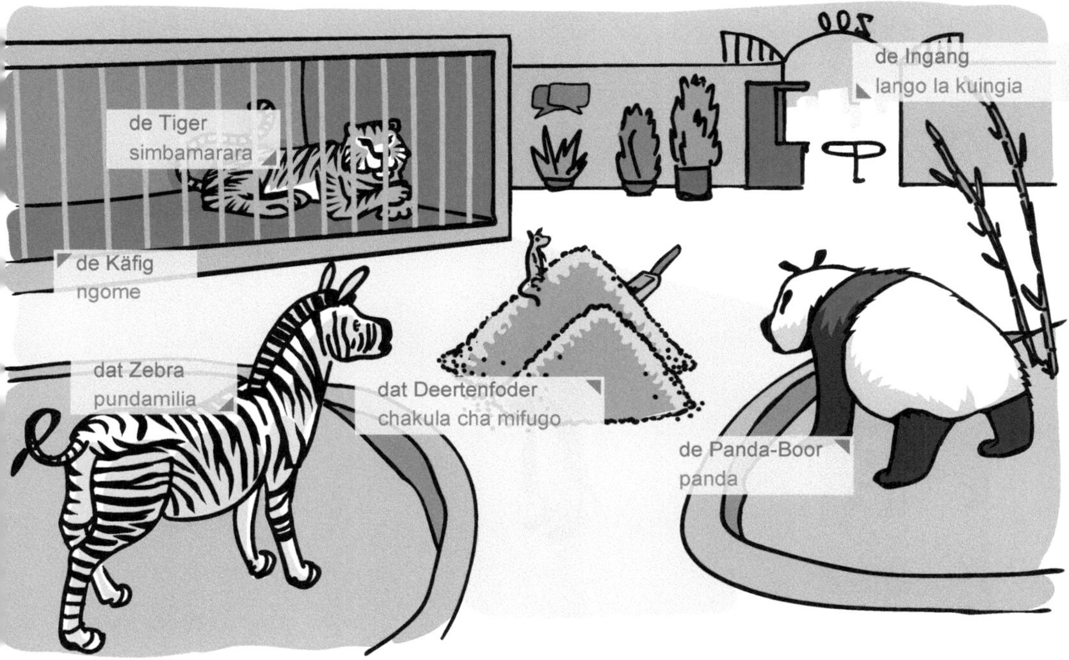

de Ingang
lango la kuingia
de Tiger
simbamarara
de Käfig
ngome
dat Zebra
pundamilia
dat Deertenfoder
chakula cha mifugo
de Panda-Boor
panda

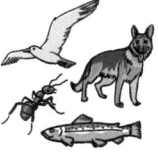

de Deerten

wanyama

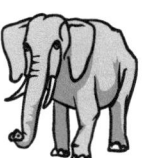

de Elefant

tembo

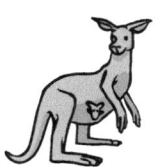

dat Känguru

kangaruu

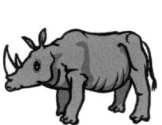

dat Neeshoorn

kifaru

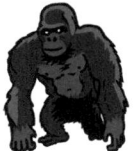

de Gorilla

sokwe

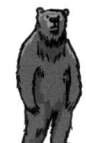

de Boor

dubu

dat Kameel

ngamia

de Struuß

mbuni

de Lööv

simba

de Aap

tumbili

de Flamingo

heroe

de Papagoi

kasuku

de Iesboor

dubu

de Pinguin

penguini

de Haifisch

papa

de Pageluun

tausi

de Slang

nyoka

dat Krokodil

mamba

de Oppasser in'n
Deertenpark

mtunza wanyama

de Saalhund

muhuri

de Jaguor

jaguar

dat Pony

mwanafarasi

de Leopard

chui

dat Nilpeerd

kiboko

de Giraff

twiga

de Aadler

tai

dat Wildswien

nguruwe mwitu

de Fisch

samaki

de Schildkrööt

kobe

dat Walross

sili

de Voss

mbweha

de Gazell

paa

de Deertenpark - bustani ya wanyama   61

de Amerikaansch Football
soka ya marekani

dat Radfohren
uendeshaji baiskeli

dat Tennis
tenisi

de Korfball
mpira wa kikapu

dat Swümmen
kuogelea

dat leshockey
magongo ya barafuni

dat Boxen
ndondi

de Football
soka

dat Fedderball
vinyoya

de Leichtathletik
riadha

de Handball
mpira wa mikono

dat Skilopen
skii

dat Polo
polo

de Aktivitäten
shughuli

lachen
cheka
springen
kuruka
ümarmen
kumbatia
gahn
kutembea
singen
kuimba
drömen
ota ndoto
beden
kuomba
snuteln
busu

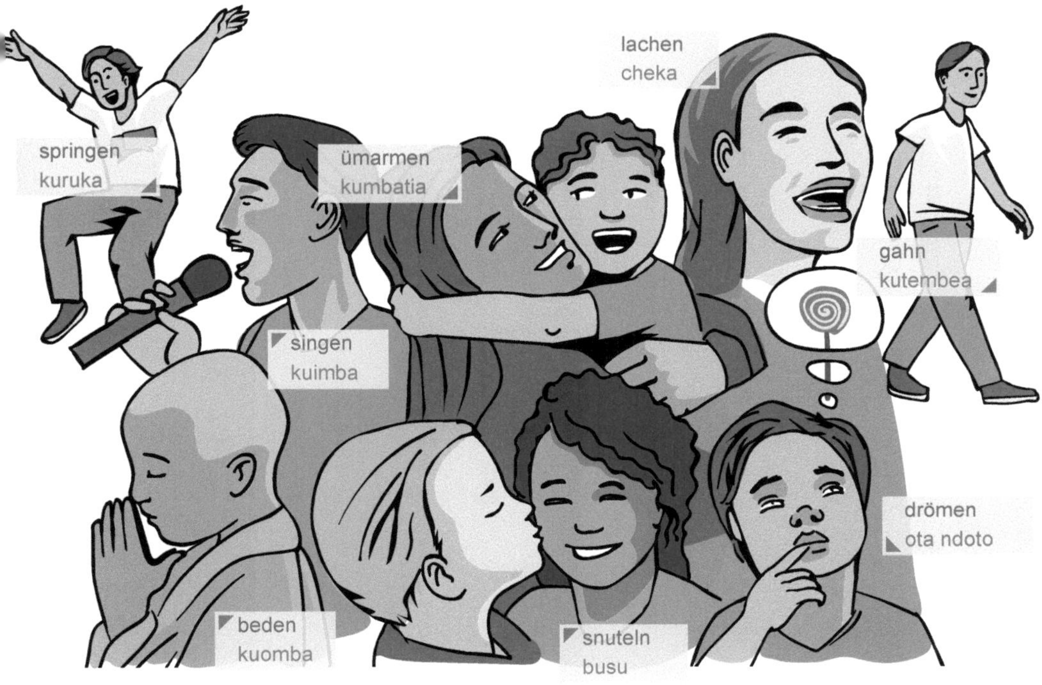

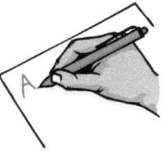

schrieven
kuandika

teken
kuteka

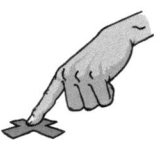

wiesen
angalia

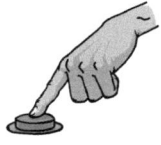

drücken
sukuma

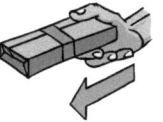

geven
kutoa

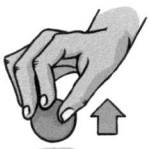

nehmen
kuchukua

hebben

kuwa

doon

fanya

sien

kuwa

stahn

kusimama

lopen

kukimbia

trecken

vuta

smieten

kutupa

fallen

kuanguka

liggen

hadaa

töven

kusubiri

dregen

kubeba

sitten

kukaa

antrecken

vaa nguo

slapen

usingizi

opwaken

kuamka

de Aktivitäten - shughuli

ankieken

kuangalia

wenen

lia

eien

kiharusi

kämmen

chana nywele

snacken

ongea

verstahn

kuelewa

fragen

kuuliza

hören

kusikiliza

drinken

kunywa

eten

kula

oprümen

nadhifisha

leefhebben

upendo

kaken

mpishi

fohren

gari

flegen

kuruka

segeln

meli

reken

kokotoa

lesen

kusoma

lehren

kujifunza

arbeiden

kazi

de Plünnen tohoopsmieten

kuoa

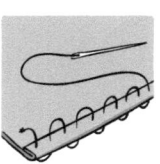

neihen

kushona

Tähnen putzen

piga mswaki

dootmaken

kuua

smöken

moshi

schicken

kutuma

de Grootmoder
bibi

de Grootvadder
babu

de Vadder
baba

de Moder
mama

dat Winnelkind
mtoto

de Dochter
binti

de Söhn
bin

de Gast

mgeni

de Tant

shangazi

de Unkel

mjomba

de Broder

kaka

de Süster

dada

de Lief
mwili

de Vörkopp
paji la uso
dat Oog
jicho
de Schuller
bega
de Finger
kidole
dat Gesicht
uso
dat Kinn
kidevu
de Hand
mkono
dat Been
mguu
de Bost
matiti
de Arm
mkono

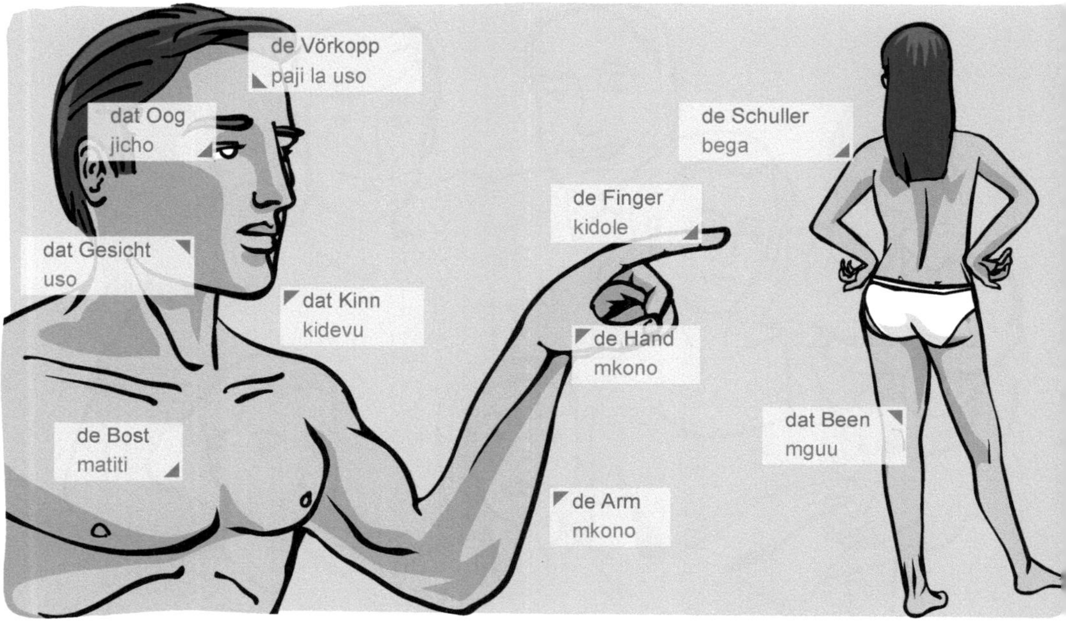

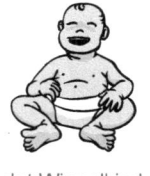

dat Winnelkind

mtoto

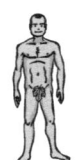

de Mann

mwanamume

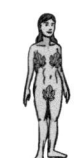

de Fro

mwanamke

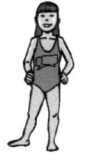

de Deern

msichana

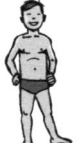

de Jung

mvulana

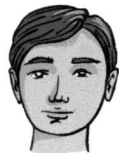

de Arm

kichwa

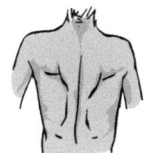

de Rüch

nyuma

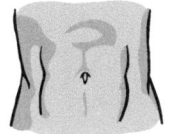

de Buuk

tumbo

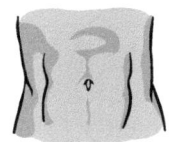

de Navel

kitovu

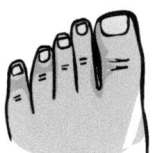

de Teh

chano

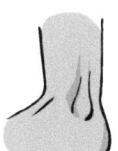

de Hack

kisigino

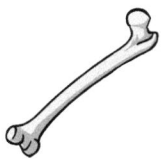

de Knaken

mfupa

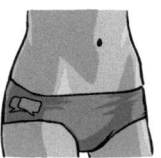

de Hüft

nyonga

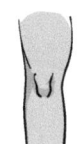

dat Knee

goti

de Ellbagen

kiwiko

de Nees

pua

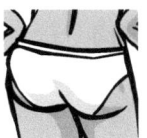

de Achtersen

chini

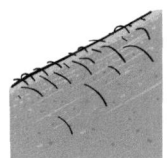

de Huut

ngozi

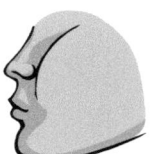

de Back

shavu

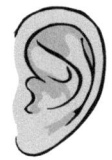

dat Ohr

sikio

de Lipp

mdomo

de Mund

kinywa

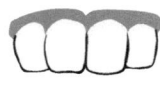

de Tähn

jino

de Tung

ulimi

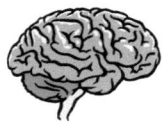

de Bregen

ubongo

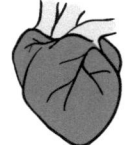

dat Hart

moyo

de Muskel

misuli

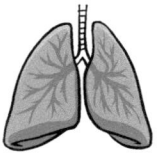

de Lung

pafu

de Lever

ini

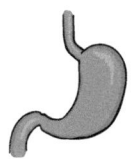

de Maag

tumbo

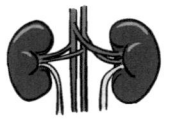

de Neren

figo

de Bislaap

jinsia

dat Kondoom

kondomu

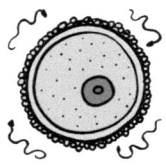

de Eizell

ovari

dat Sperma

shahawa

de Anner Ümstänn

mimba

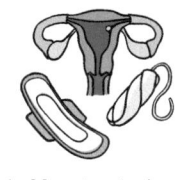

de Menstruatschoon

hedhi

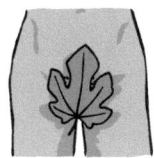

de Scheed

uke

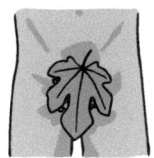

de Pint

uume

de Ogenbroe

unyusi

dat Hoor

nywele

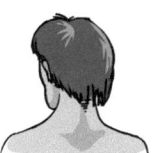

de Hals

shingo

dat Krankenhuus
hospitali

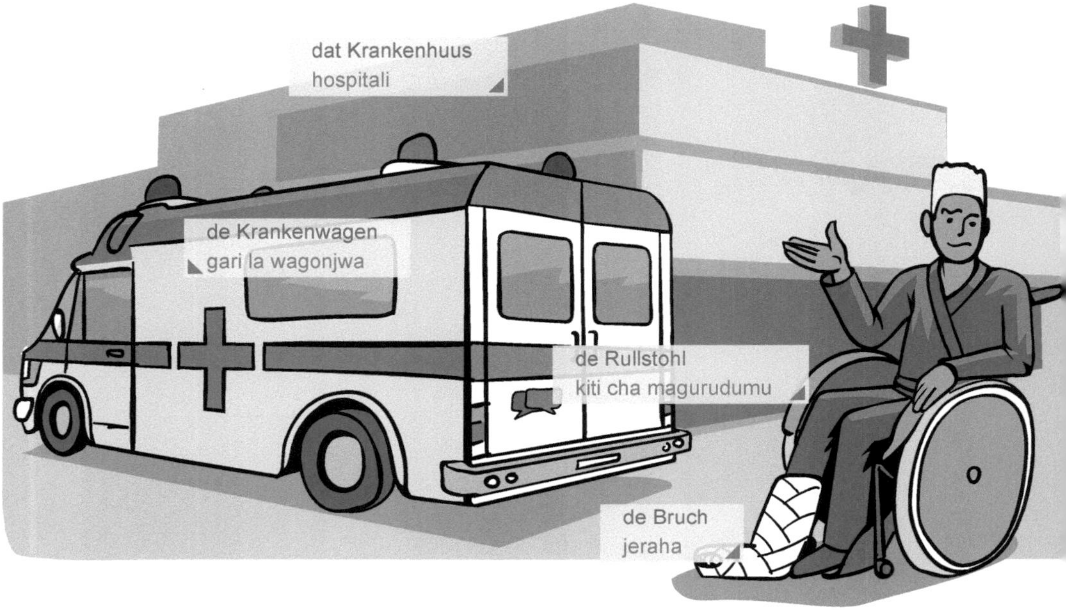

dat Krankenhuus
hospitali
de Krankenwagen
gari la wagonjwa
de Rullstohl
kiti cha magurudumu
de Bruch
jeraha

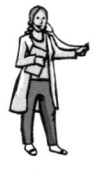

de Dokter

daktari

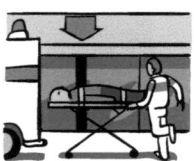

de Nootopnahm

chumba cha dharura

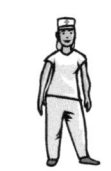

de Krankensüster

muuguzi

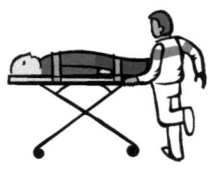

de Nootfall

dharura

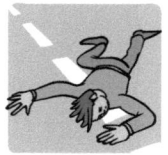

ahnmächtig

kupoteza fahamu

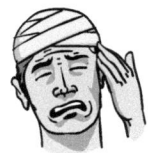

de Wehdaag

maumivu

de Verwunnen

kuumia

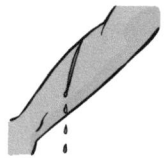

de Blöden

kutokwa na damu

de Hartinfarkt

mshtuko wa moyo

de Slaganfall

kiharusi

de Allergie

mzio

de Hoosten

kikohozi

dat Fever

homa

de Gripp

mafua

de Dörchfall

kuharisha

de Koppwehdaag

maumivu ya kichwa

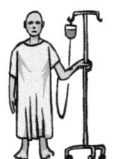

de Kreeft

kansa

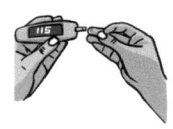

de Zuckersüük

ugonjwa wa kisukari

de Chirurg

daktari mpasuaji

dat Chirurgsch Mess

kisu kidogo cha kupasulia

de Operatschoon

operesheni

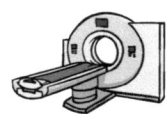

dat CT

picha changanufu ya mwili

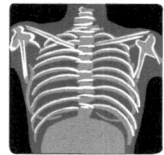

de Dörchlüchten

Eksrei

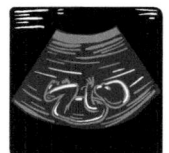

de Ultraschall

mawimbi sauti

de Mask

barakoa ya uso

de Krankheit

ugonjwa

de Töövruum

chumba cha kusubiri

de Krück

mkongojo

dat Plaaster

plasta

de Verband

bendeji

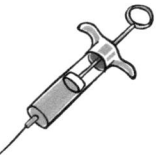

de Insprütten

sindano

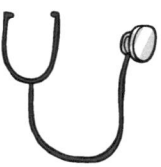

dat Stethoskop

stetoskopu

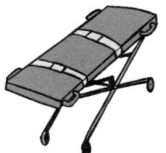

de Draag

machela

dat Feverthermometer

kipimajoto cha kliniki

de Geboort

kuzaliwa

dat Övergewicht

unene kupita kiasi

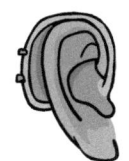

de Hörrapparat

kusikia misaada

dat Kiemfriemiddel

kipukusi

de Ansteken

maambukizi

de Virus

virusi

dat HIV / AIDS

VVU / UKIMWI

dat Heelmiddel

dawa

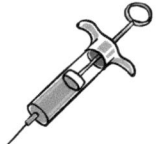

de Impen

chanjo

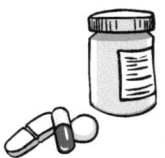

de Tabletten

vidonge

de Pill

kidonge

de Nootroop

simu ya dharura

de Blootdruck-Meter

haemodainamometa

krank / gesund

mgonjwa / mwenye afya

Hölp!

Msaada!

de Alarm

kengele

de Överfall

pigo

de Angreep

shambulizi

de Gefohr

hatari

de Nootutgang

lango la dharura

dat Füer!

Moto!

de Füerlöscher

kizima moto

de Unfall

ajali

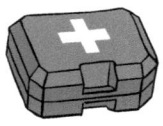

de Noothölpkoffer

vifaa vya huduma ya kwanza

SOS

wito wa msaada

de Polizei

polisi

de Eerd
dunia

Europa

Ulaya

Noordamerika

Amerika ya Kaskazini

Süüdamerika

Amerika ya Kusini

Afrika

Afrika

Asien

Asia

Australien

Australia

de Atlantik

Atlantiki

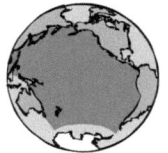

de Pazifik

Pasifiki

dat Indisch Weltmeer

Bahari ya Hindi

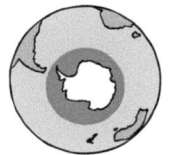

dat Antarktisch Weltmeer

Bahari ya Antaktiki

dat Arktisch Weltmeer

Bahari ya Aktiki

de Noordpol

Ncha ya Kaskazini

de Süüdpol

Ncha ya Kusini

de Antarktis

Antaktika

de Eerd

dunia

dat Land

nchi

de See

bahari

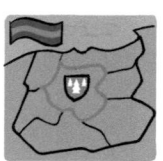

dat Eiland

kisiwa

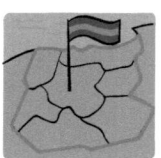

de Natschoon

taifa

de Staat

jimbo

dat Tallenblatt

uso wa saa

de Stunnenwieser

akrabu ya saa

de Minutenwieser

akrabu ya dakika

de Sekunnenwieser

akrabu ya sekunde

Wo laat is dat?

Ni saa ngapi?

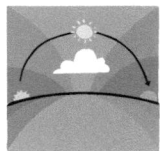

de Dag

siku

de Tiet

wakati

nu

sasa

de digetaalsch Klock

saa ya dijitali

de Minuut

dakika

de Stunn

saa

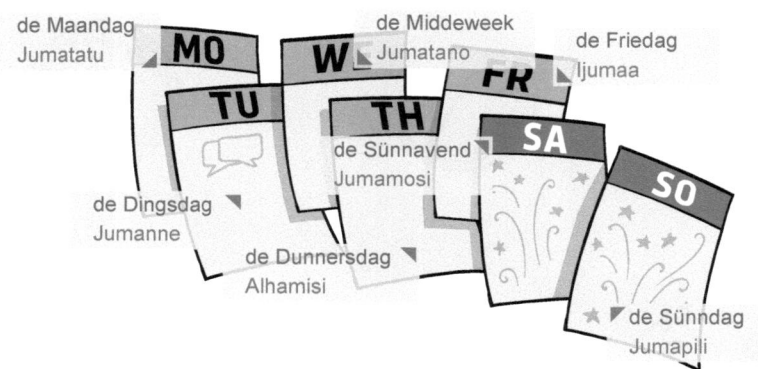

de Maandag
Jumatatu

de Middeweek
Jumatano

de Friedag
Ijumaa

de Dingsdag
Jumanne

de Sünnavend
Jumamosi

de Dunnersdag
Alhamisi

de Sünndag
Jumapili

güstern
jana

hüüt
leo

morgen
kesho

de Morgen
asubuhi

de Meddag
saa sita mchana

de Avend
jioni

de Arbeitsdaag
siku za biashara

dat Wekenenn
mwishoni mwa wiki

dat Johr
mwaka

de Regen
mvua
de Regenbagen
upinde wa mvua
de Snee
theluji
de Wind
upepo
dat Fröhjohr
majira ya machipuko
de Harvst
vuli
de Sommer
kiangazi
de Winter
majira ya baridi

4.APRIL 11°
5.APRIL 4°
6.APRIL 13°
7.APRIL 8°
8.APRIL 10°

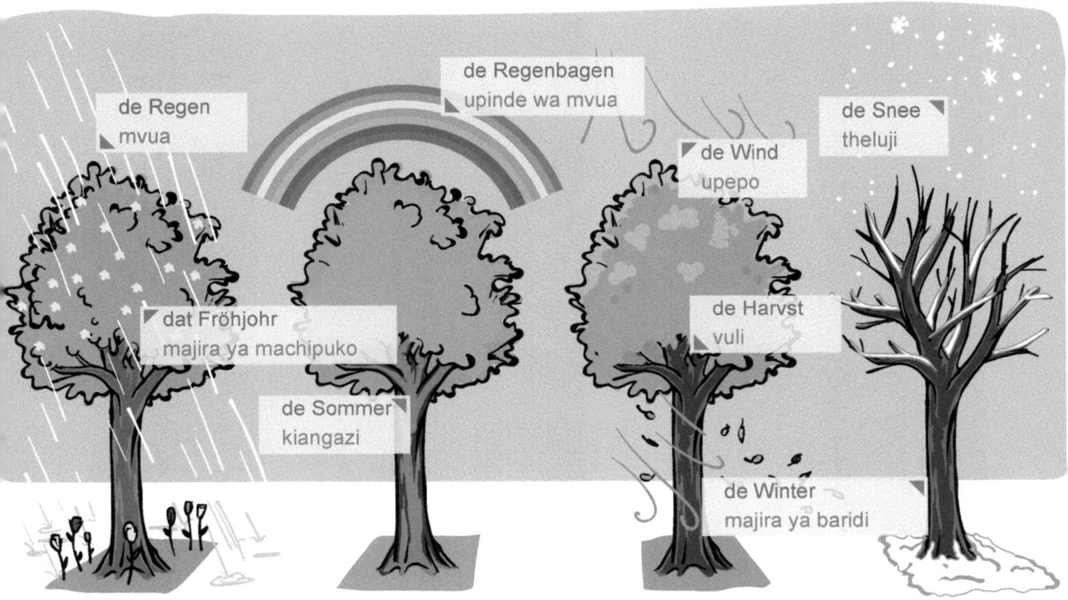

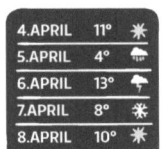

de Wedervörhersaag

utabiri wa hali ya hewa

F C
120 40
90 30
60 20
30 10
0 0
-30 -10
-20

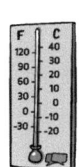

dat Thermometer

kipimajoto

de Sünnenschien

mwanga wa jua

de Wulk

wingu

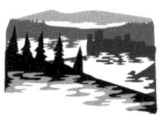

de Nevel

ukungu

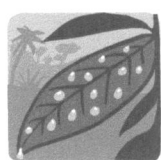

de Luftfuchtigkeit

unyevu

de Blitz

umeme

de Dunner

radi

de Storm

dhoruba

de Hagel

mvua ya mawe

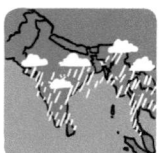

de Monsun

monsuni

de Floot

mafuriko

dat Ies

barafu

de Januormaand

Januari

de Februormaand

Februari

de Martmaand

Machi

de Aprilmaand

Aprili

de Maimaand

Mei

de Junimaand

Juni

de Julimaand

Julai

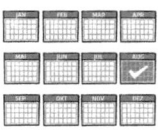

de Augustmaand

Agosti

dat Johr - mwaka

de Septembermaand
....
Septemba

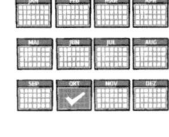

de Oktobermaand
....
Oktoba

de Novembermaand
....
Novemba

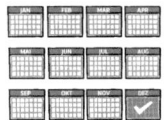

de Dezembermaand
....
Desemba

de Formen
maumbo

de Krink
....
mduara

dat Quadrat
....
mraba

dat Rechteck
....
mstatili

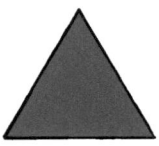

dat Dreeeck
....
pembetatu

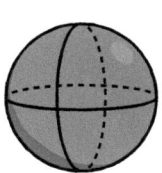

de Kugel
....
nyanja

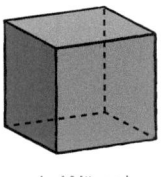

de Wörpel
....
mchemraba

witt

nyeupe

geel

manjano

orangsch

chungwa

pink

rangi ya waridi

root

nyekundu

lila

hudhurungi

blau

bluu

gröön

kijani

bruun

hanja

gries

jivujivu

swart

nyeusi

veel / wenig

mengi / kidogo

böös / verdreeglich

hasira / pole

smuck / mies

nzuri / mbaya

de Begünn / dat Enn

mwanzo / mwisho

groot / lütt

kubwa / ndogo

hell / düüster

angavu / giza

de Broder / de Süster

kaka / dada

schier / schietig

safi / chafu

kumpleet / nich kumpleet

kamilika / tokamilika

de Dag / de Nacht

siku / usiku

doot / lebennig

wafu / hai

breet / small

pana / nyembamba

geneetbor / nich geneetbor

kulika / kutolika

böös / fründlich

ovu / ema

fickerig / langwielt

sisimkwa / udhika

dick / dünn

nene / nyembamba

toeerst / toletzt

kwanza / mwisho

de Fründ / de Fiend

rafiki / adui

vull / leddig

jaa / tupu

hart / week

ngumu / laini

swoor / licht

nzito / nyepesi

de Smacht / de Döst

njaa / kiu

krank / gesund

mgonjwa / mwenye afya

nich na't Recht / na't Recht

haramu / kisheria

klook / dummerhaftig

akili / kijinga

linkerhand / rechterhand

kushoto / kulia

neeg / feern

karibu / mbali

nieg / bruukt
mpya / kutumika

nix / wat
kitu / jambo

oolt / jung
zee / changa

an / ut
waka / zima

apen / slaten
wazi / fungwa

lies / luut
utulivu / kelele

riek / arm
tajiri / masikini

richtig / verkehrt
sahihi / kosa

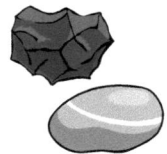

ruug / glatt
mbaya / laini

trurig / glücklich
huzunika / furahia

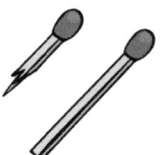

kort / lang
fupi /ndefu

suutje / flink
polepole / haraka

natt / dröög
nyevu / kavu

warm / köhl
joto / baridi

de Krieg / de Freden
vita / amani

0

null
sufuri

1

een
moja

2

twee
mbili

3

dree
tatu

4

veer
nne

5

fief
tano

6

söss
sita

7

söven
saba

8

acht
nane

9

negen
tisa

10

teihn
kumi

11

ölven
kumi na moja

12

twölf
kumi na mbili

13

dörteihn
kumi na tatu

14

veerteihn
kumi na nne

15

föffteihn
kumi na tano

16

sössteihn
kumi na sita

17

söventeihn
kumi na saba

18

achtteihn
kumi na nane

19

negenteihn
kumi na tisa

20

twintig
ishirini

100

hunnert
mia

1.000

dusend
elfu

1.000.000

million
milioni

dat Engelsch

Kiingereza

dat Amerikaansch Engelsch

Kiingereza cha Marekani

dat Chineesch Mandarin

Kimandarini cha Uchina

dat Hindi

Kihindi

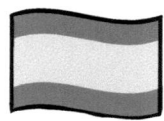

dat Spaansch

Kihispania

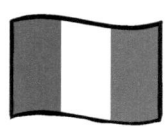

dat Franzöösch

Kifaransa

dat Araabsch

Kiarabu

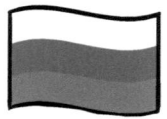

dat Rusch

Kirusi

dat Portugiesch

Kireno

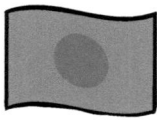

dat Bengaalsch

Kibengali

dat Düütsch

Kijerumani

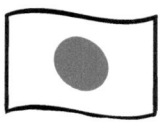

dat Japaansch

Kijapani

ik

mimi

du

wewe

he / se / dat

yeye / yeye / ni

wi

sisi

ji

wewe

se

wao

keen?

nani?

wat?

nini?

woans?

jinsi gani?

woneem?

wapi?

wannehr?

lini?

de Naam

jina

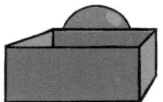

achter

nyuma

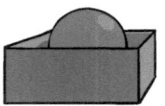

in

katika

vör

mbele ya

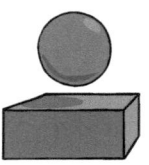

över

juu ya

op

kwenye

ünner

chini ya

blangen

kando

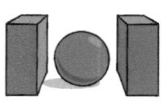

twüschen

kati

de Oort

mahali